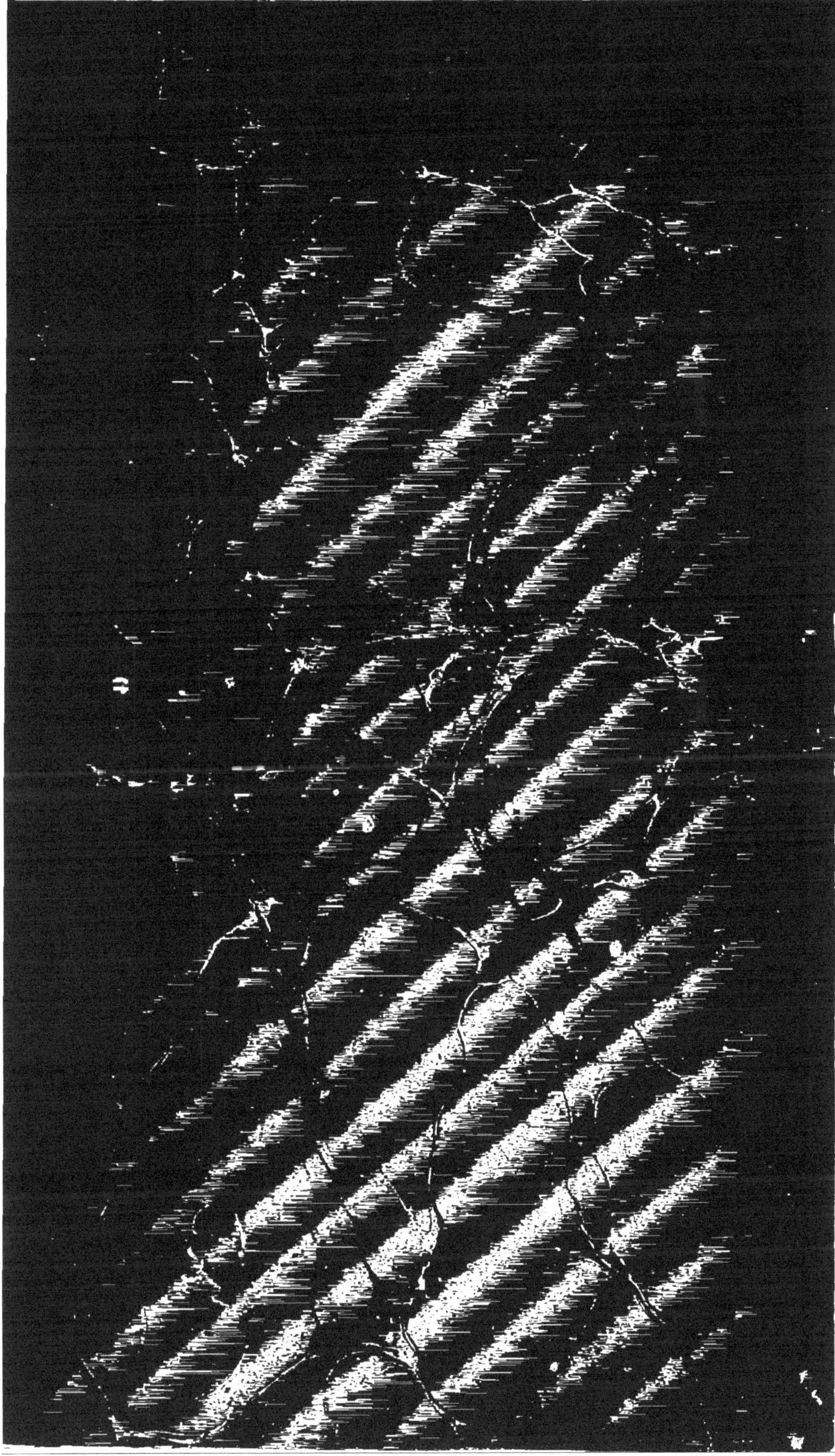

Books published by Travis & Emery Music Bookshop:

Anon.: Hymnarium Sarisburiense, cum Rubricis et Notis Musicis.
Anon.: Säcularfeier des Geburtstages von Ludwig van Beethoven
Agricola, Johann Friedrich from Tosi: Anleitung zur Singkunst.
Allen, Percy: The Stage Life of Mrs. Stirling: With ... C19th Theatre
Bach, C.P.E.: edited W. Emery: Nekrolog or Obituary Notice of J.S. Bach.
Bateson, Naomi Judith: Alcock of Salisbury
Bathe, William: A Briefe Introduction to the Skill of Song
Berlioz, Hector: Autobiography of Hector Berlioz, (2 vols.)
Buckley, Robert John: Sir Edward Elgar
Burney, Charles: The Present State of Music in France and Italy
Burney, Charles: The Present State of Music in Germany, The Netherlands …
Burney, Charles: Account of an Infant Musician
Burney, Charles: An Account of the Musical Performances ... Handel
Burney, Karl: Nachricht von Georg Friedrich Handel's Lebensumstanden.
Burns, Robert: The Caledonian Musical Museum .. Best Scotch Songs. (1810)
Cobbett, W.W.: Cobbett's Cyclopedic Survey of Chamber Music. (2 vols.)
Corrette, Michel: Le Maitre de Clavecin
Cox, John Edmund: Musical Recollections of the Last Half Century. (2 vols.)
Crimp, Bryan: Dear Mr. Rosenthal … Dear Mr. Gaisberg …
Crimp, Bryan: Solo: The Biography of Solomon
Crotch, William: Substance of Several Courses of Lectures on Music
d'Indy, Vincent: Beethoven: Biographie Critique
d'Indy, Vincent: Beethoven: A Critical Biography
d'Indy, Vincent: Cesar Franck (in English)
d'Indy, Vincent: César Franck (in French)
Dianna, B.A.: Benjamin Britten's Holy Theatre
Dolge, Alfred: Pianos and Their Makers. A Comprehensive History
Fischhof, Joseph: Versuch einer Geschichte des Clavierbaues. (Faksimile 1853).
Fuller-Maitland, J.A.: The Music of Parry and Stanford
Geminiani, Francesco: The Art of Playing the Violin.
Häuser: Musikalisches Lexikon. 2 vols in one.
Hawkins, John: A General History of the Science & Practice of Music (5 vols.)
Holmes, Edward: A Ramble among the Musicians of Germany
Hopkins, Antony: The Concertgoer's Companion - Bach to Haydn.
Hopkins, Antony: The Concertgoer's Companion – Holst to Webern.
Hopkins, Antony: Music All Around Me
Hopkins, Antony: Sounds of Music / Sounds of the Orchestra
Hopkins, Antony: The Nine Symphonies of Beethoven
Hopkins, Antony: Understanding Music

Books published by Travis & Emery Music Bookshop:

Hopkins, Edward & Rimboult, Edward: The Organ. Its History & Construction.
Hunt, John: - see separate list of discographies at the end of these titles
Iliffe, Frederick: The Forty-Eight Preludes and Fugues of John Sebastian Bach
Isaacs, Lewis: Hänsel and Gretel. A Guide to Humperdinck's Opera.
Isaacs, Lewis: Königskinder (Royal Children). Guide to Humperdinck's Opera.
Kastner: Manuel Général de Musique Militaire
Kenney, Charles Lamb: A Memoir of Michael William Balfe
Klein, Hermann: Thirty years of musical Life in London, 1870-1900
Lacassagne, M. l'Abbé Joseph : Traité Général des élémens du Chant
Lascelles (née Catley), Anne: The Life of Miss Anne Catley.
McCormack, John: John McCormack: His Own Life Story.
Mainwaring, John: Memoirs of the Life of the Late George Frederic Handel
Malcolm, Alexander: A Treaty of Music: Speculative, Practical and Historical
Manshardt, Thomas: Aspects of Cortot
Marx, Adolph Bernhard: Die Kunst des Gesanges, Theoretisch-Practisch
May, Florence: The Life of Brahms
May, Florence: The Girlhood Of Clara Schumann: Clara Wieck And Her Time.
Mellers, Wilfrid: Angels of the Night: Popular Female Singers of Our Time
Mellers, Wilfrid: Bach and the Dance of God
Mellers, Wilfrid: Beethoven and the Voice of God
Mellers, Wilfrid: Caliban Reborn - Renewal in Twentieth Century Music
Mellers, Wilfrid: Darker Shade of Pale, A Backdrop to Bob Dylan
Mellers, Wilfrid: François Couperin and the French Classical Tradition
Mellers, Wilfrid: Harmonious Meeting
Mellers, Wilfrid: Le Jardin Retrouvé, The Music of Frederic Mompou
Mellers, Wilfrid: Music and Society, England and the European Tradition
Mellers, Wilfrid: Music in a New Found Land: ... ... American Music
Mellers, Wilfrid: Romanticism and the Twentieth Century (from 1800)
Mellers, Wilfrid: The Masks of Orpheus: ...... the Story of European Music.
Mellers, Wilfrid: The Sonata Principle (from c. 1750)
Mellers, Wilfrid: Vaughan Williams and the Vision of Albion
Newmarch, Rosa: Henry J. Wood
Newmarch, Rosa: Jean Sibelius
Newmarch, Rosa: Mary Wakefield, a Memoir
Newmarch, Rosa: The Concert-Goer's Library
Newmarch, Rosa: The Music of Czechoslovakia
Newmarch, Rosa: The Russian Opera.
Nicholas, Jeremy: Godowsky, the Pianists' Pianist
Niecks, Frederick: The Life oc Chopin. (2 vols.)

Books published by Travis & Emery Music Bookshop:

Panchianio, Cattuffio: Rutzvanscad Il Giovine
Pearce, Charles: Sims Reeves, Fifty Years of Music in England.
Pepusch, John Christopher: A Treatise on Harmony ...
Pettitt, Stephen: Philharmonia Orchestra: A Record of Achievement, 1948-1985
Pettitt, Stephen (ed. Hunt): Philharmonia Orchestra: Discography 1945-1987
Playford, John: An Introduction to the Skill of Musick.
Porte, John: Sir Charles Villiers Stanford.
Quantz, Johann: Versuch einer Anweisung die Flöte traversiere zu spielen.
Rameau, Jean-Philippe: Code de Musique Pratique, ou Methodes.
Rameau, Jean-Philippe: Erreurs sur La Musique dans l'Encyclopédie
Rastall, Richard: The Notation of Western Music.
Rimbault, Edward: The Pianoforte, Its Origins, Progress, and Construction.
Rousseau, Jean Jacques: Dictionnaire de Musique
Rubinstein, Anton : Guide to the proper use of the Pianoforte Pedals.
Sainsbury, John S.: Dictionary of Musicians. (1825). (2 vols.)
Schumann, Clara & Brahms, Johannes: Letters 1853-1896. (2 vols.)
Scott-Sutherland: Arnold Bax
Serré de Rieux, Jean de : Les dons des Enfans de Latone
Simpson, Christopher: A Compendium of Practical Musick in Five Parts
Smyth, Ethel: Impressions That Remained. (2 vols.)
Spohr, Louis: Autobiography
Spohr, Louis: Grand Violin School
Tans'ur, William: A New Musical Grammar; or The Harmonical Spectator
Terry, Charles Sanford: Bach's Chorals – Parts 1, 2 and 3.
Terry, Charles Sanford: John Christian Bach
Terry, Charles Sanford: J.S. Bach's Original Hymn-Tunes - Congregational Use.
Terry, Charles Sanford: Four-Part Chorals of J.S. Bach. (German & English)
Terry, Charles Sanford: Joh. Seb. Bach, Cantata Texts, Sacred and Secular.
Terry, Charles Sanford: The Origins of the Family of Bach Musicians.
Tosi, Pierfrancesco: Opinioni de' Cantori Antichi, e Moderni
Tosi, Pierfrancesco: Observations on the Florid Song.
Tovey, Donald Francis: A Musician Talks, The Integrity of Music
Tovey, Donald Francis: A Musician Talks, Musical Textures
Tovey, Donald Francis: A Companion to "The Art of the Fugue" J.S. Bach
Tovey, Donald Francis: A Companion to Beethoven's Pianoforte Sonatas
Tovey, Donald Francis: Beethoven
Tovey, Donald Francis: Essays in Musical Analysis. (6 vols.).
Tovey, Donald Francis: The integrity of music
Tovey, Donald Francis: Musical Textures

Books published by Travis & Emery Music Bookshop:

Tovey, Donald Francis: Some English Symphonists
Tovey, Donald Francis: The Main Stream of Music.
Van der Straeten, Edmund: History of the Violoncello, The Viol da Gamba …
Van der Straeten, Edmund: History of the Violin, Its Ancestors… (2 vols.)
Walther, J. G. [Waltern]: Musicalisches Lexikon [Musikalisches Lexicon]
Wagner, Richard: Beethoven (Leipzig 1870)
Wagner, Richard: Lebens-Bericht (Leipzig 1884)
Wagner, Richard: The Musaic of the Future (Translated by E. Dannreuther).
Wyndham, Henry Saxe: The Annals of Covent Garden Theatre. (2 vols.)
Zwirn, Gerald: Stranded Stories From The Operas

Music published by Travis & Emery Music Bookshop:

Bach, Johann Sebastian: Sacred Songs for SCTB, arranged by Franz Wullner.
Bax, Arnold: Symphony #5, Arranged for Piano Four Hands by Walter Emery
Beranger, Pierre Jean de: Musique Des Chansons de Beranger: Airs Notes ...
Bizet, Georges: Djamileh. Vocal Score.
Donizetti, Gaetano: Betly. Dramma Giocoso in Due Atti. Vocal Score.
Frescobaldi, Girolamo: D'Arie Musicali per Cantarsi. Primo & Secondo Libro.
Handel, Purcell, Boyce, Greene ... Calliope or English Harmony: Volume First.
Hopkins, Antony: Sonatine
Purcell, Henry et al: Harmonia Sacra … The First Book, (1726)
Purcell, Henry et al: Harmonia Sacra … Book II (1726)
Sullivan, Arthur Seymour: Ivanhoe. Vocal score.
Sullivan, Arthur Seymour: The Rose of Persia. Vocal Score.
Weckerlin, Jean-Baptiste: Chansons Populaires du Pays de France

Other Books, not on Music:

Anon: A Collection of Testimonies Concerning Several Ministers of the Gospel Amongst People called Quakers, Deceased. [Facsimile of 1760 edn.].
Sandeman-Allen, Arthur: Bee-keeping with Twenty hives.

Available from: Travis & Emery at 17 Cecil Court, London, UK.
(+44) (0) 20 7 240 2129. email on sales@travis-and-emery.com .

Discographies by John Hunt.

3 Italian Conductors and 7 Viennese Sopranos: 10 Discographies: Arturo Toscanini, Guido Cantelli, Carlo Maria Giulini, Elisabeth Schwarzkopf, Irmgard Seefried, Elisabeth Gruemmer, Sena Jurinac, Hilde Gueden, Lisa Della Casa, Rita Streich.

A Gallic Trio: 3 Discographies: Charles Muench, Paul Paray, Pierre Monteux.

A Notable Quartet: 4 Discographies: Gundula Janowitz, Christa Ludwig, Nicolai Gedda, Dietrich Fischer-Dieskau.

American Classics: The Discographies of Leonard Bernstein & Eugene Ormand

Antal Dorati 1906-1988: Discography and Concert Register.

Austro-Hungarian Pianists, Discographies of Lili Kraus, Friedrich Gulda, Ingrid Haebler

Back From The Shadows: 4 Discographies: Willem Mengelberg, Dimitri Mitropoulos, Hermann Abendroth, Eduard Van Beinum.

Carlo Maria Giulini: Discography and Concert Register.

Columbia 33CX Label Discography.

Concert Hall Discography: Concert Hall Society and Concert Hall Record Club

Conductors On The Yellow Label: 8 Discographies: Fritz Lehmann, Ferdinand Leitner, Ferenc Fricsay, Eugen Jochum, Leopold Ludwig, Artur Rother, Franz Konwitschny, Igor Markevitch.

Dirigenten der DDR: Conductors of the German Democratic Republic

From Adam to Webern: the Recordings of von Karajan.

Frosh: Discography of the Richard Strauss Opera Die Frau ohne Schatten

Giants of the Keyboard: 6 Discographies: Wilhelm Kempff, Walter Gieseking, Edwin Fischer, Clara Haskil, Wilhelm Backhaus, Artur Schnabel.

Gramophone Stalwarts: 3 Separate Discographies: Bruno Walter, Erich Leinsdorf, Georg Solti.

Great Violinists: 3 Discographies: David Oistrakh, Wolfgang Schneiderhan, Arthur Grumiaux.

Hans Knappertsbusch: Kna: Concert Register and Discography of Hans Knappertsbusch, 1888-1965. Second Edition.

Her Master's Voice: Concert Register and Discography of Dame Elisabeth Schwarzkopf [Third Edition].

Hungarians in Exile: 3 Discographies: Fritz Reiner, Antal Dorati, George Szell.

Leopold Stokowski (1882-1977): Discography and Concert Register

Leopold Stokowski: Discography and Concert Listing.

Leopold Stokowski: Second Edition of the Discography.

Makers of the Philharmonia: 11 Discographies Alceo Galliera, Walter Susskind, Paul Kletzki, Nicolai Malko, Issay Dobrowen, Lovro Von Matacic, Efrem Kurtz, Otto Ackermann, Anatole Fistoulari, George Weldon, Robert Irving.

Metropolitan Sopranos: 4 Discographies: Rosa Ponselle, Eleanor Steber, Zinka Milanov, Leontyne Price.

Mezzo and Contraltos: 5 Discographies: Janet Baker, Margarete Klose, Kathleen Ferrier, Giulietta Simionato, Elisabeth Hoengen.

Mid-Century Conductors and More Viennese Singers: 10 Discographies: Karl Boehm, Victor De Sabata, Hans Knappertsbusch, Tullio Serafin, Clemens Krauss, Anton Dermota, Leonie Rysanek, Eberhard Waechter, Maria Reining, Erich Kunz.

More 20th Century Conductors: 7 Discographies: Eugen Jochum, Ferenc Fricsay, Carl Schuricht, Felix Weingartner, Josef Krips, Otto Klemperer, Erich Kleiber.
More Giants of the Keyboard: 5 Discographies: Claudio Arrau, Gyorgy Cziffra, Vladimir Horowitz, Dinu Lipatti, Artur Rubinstein.
More Musical Knights: 4 Discographies: Hamilton Harty, Charles Mackerras, Simon Rattle, John Pritchard.
Musical Knights: 6 Discographies: Henry Wood, Thomas Beecham, Adrian Boult, John Barbirolli, Reginald Goodall, Malcolm Sargent.
Philharmonic Autocrat 1: Discography of: Herbert Von Karajan [Third Edition]
Philharmonic Autocrat 2: Concert Register of Herbert Von Karajan Second Ed.
Philips Minigroove: Second Extended Version of the European Discography.
Pianists For The Connoisseur: 6 Discographies: Arturo Benedetti Michelangeli, Alfred Cortot, Alexis Weissenberg, Clifford Curzon, Solomon, Elly Ney.
Sächsische Staatskapelle Dresden: Complete Discography.
Singers of the Third Reich: 5 Discographies: Helge Roswaenge, Tiana Lemnitz, Franz Voelker, Maria Mueller, Max Lorenz.
Singers on the Yellow Label: 7 Discographies: Maria Stader, Elfriede Troetschel, Annelies Kupper, Wolfgang Windgassen, Ernst Haefliger, Josef Greindl, Kim Borg
Six Wagnerian Sopranos: 6 Discographies: Frieda Leider, Kirsten Flagstad, Astrid Varnay, Martha Moedl, Birgit Nilsson, Gwyneth Jones.
Staatskapelle Berlin. The shellac era 1916-1962.
Sviatoslav Richter: Pianist of the Century: Discography.
Teachers and Pupils: 7 Discographies: Elisabeth Schwarzkopf, Maria Ivoguen, Maria Cebotari, Meta Seinemeyer, Ljuba Welitsch, Rita Streich, Erna Berger
Tenors in a Lyric Tradition: 3 Discographies: Peter Anders, Walther Ludwig, Fritz Wunderlich.
The Art of the Diva: 3 Discographies: Claudia Muzio, Maria Callas, Magda Olivero.
The Furtwaengler Sound Sixth Edition: Discography and Concert Listing.
The Furtwängler Sound. Discography of Wilhelm Furtwängler. Seventh Edition.
The Great Dictators: 3 Discographies: Evgeny Mravinsky, Artur Rodzinski, Sergiu Celibidache.
The Lyric Baritone: 5 Discographies: Hans Reinmar, Gerhard Huesch, Josef Metternich, Hermann Uhde, Eberhard Waechter.
The Post-War German Tradition: 5 Discographies: Rudolf Kempe, Joseph Keilberth, Wolfgang Sawallisch, Rafael Kubelik, Andre Cluytens.
Wagner Im Festspielhaus: Discography of the Bayreuth Festival.
Wiener Philharmoniker 1 - Vienna Philharmonic and Vienna State Opera Orchestras: Discography Part 1 1905-1954.
Wiener Philharmoniker 2 - Vienna Philharmonic and Vienna State Opera Orchestras: Discography Part 2 1954-1989.

Available from: Travis & Emery at 17 Cecil Court, London, UK.
(+44) (0) 20 7 240 2129. email on sales@travis-and-emery.com .

www.ingramcontent.com/pod-product-compliance
Ingram Content Group UK Ltd.
Pitfield, Milton Keynes, MK11 3LW, UK
UKHW020456200726
13857UKWH00002B/735

AF474617

L'ARMÉE ESPAGNOLE

OUVRAGES DU MÊME AUTEUR

Le Blocus de Montmédy en 1870. Un volume in-8°, avec deux cartes. . . . . **5** fr.

(*Épuisé.*)

Guillaume III, Stathouder de Hollande et roi d'Angleterre. — Étude historique et militaire sur les campagnes du roi Louis XIV. — Un vol. in-8° de 700 pages, avec divers plans dans le texte, deux cartes hors texte et une magnifique eau-forte de Schomberg . . . . **10** fr.

La Phalange. — Étude philologique et tactique sur les formations d'armée des Grecs dans l'antiquité et sur leur langue militaire. Un vol. in-8° . . . . **3** fr.

(EXTRAIT DU *SPECTATEUR MILITAIRE*.)

L'ARMÉE ESPAGNOLE

NOTES

SOUVENIRS ET IMPRESSIONS DE VOYAGE

PAR

Le Capitaine de SÉRIGNAN

ANCIEN PROFESSEUR ADJOINT D'ART ET D'HISTOIRE MILITAIRES A SAINT-CYR
OFFICIER D'ACADÉMIE

PARIS
BERGER-LEVRAULT ET Cie, LIBRAIRES-ÉDITEURS
5, Rue des Beaux-Arts, 5
MÊME MAISON A NANCY

1883

L'ESPAGNE

ET

L'ARMÉE ESPAGNOLE

EN 1881

SOUVENIRS DE VOYAGE

AVANT-PROPOS

C'est lady Montaigu, n'est-ce pas, qui traversant un jour Calais, y descendit dans je ne sais quel hôtel borgne dont le propriétaire affairé la rudoya.

La célèbre dame séjourna là vingt-quatre heures — le seul temps je crois qu'elle ait jamais passé en France — et écrivit plus tard dans ses mémoires cette phrase singulière : « Tous les aubergistes de France sont malhonnêtes, acariâtres et grossiers. »

J'essayerai de ne pas tomber dans le travers de cette susceptible lady, et, ayant passé quelques semaines seulement en Espagne, je préviens tout d'abord le lecteur qui voudra bien jeter un regard sur ces lignes, que je n'ai voulu peindre dans leur universalité ni l'Espagne ni l'armée espagnole.

Je dis ce que j'ai vu.

J'ai franchi les Pyrénées et j'ai parcouru en touriste un petit nombre de villes. Mais si court que soit le voyage, chaque pas apporte ses impressions, chaque observation son enseignement.

La terre espagnole, plus qu'aucun autre sol peut-être, développe chez ceux qui la parcourent, un penchant prononcé à la méditation, aux réflexions sérieuses. L'aspect des hommes et des choses y est grave ; les révolutions y ont passé sans modifier profondément le primitif ordre des institutions, et là où les changements ont été le plus absolus, les ruines demeurent encore debout permettant de comparer ce qui a disparu avec ce qui existe aujourd'hui.

En Espagne, plus qu'ailleurs, au soir d'une journée passée à examiner quelque sombre cathédrale gothique, un de ces merveilleux palais moresques débris d'une civilisation perdue, tel ou tel détail de coutumes, de mœurs indigènes, l'esprit le moins habitué à se rendre compte de ce qu'il a eu sous les yeux, aime à se recueillir, à jeter sur le papier quelques impressions, souvenirs à méditer un jour.

Ce sont ces notes rapidement écrites, à peine revues, tantôt générales, la plupart du temps spéciales que nous livrons aujourd'hui au public. Comme l'on s'en apercevra promptement, l'armée espagnole tient la plus large place dans ces souvenirs. A l'étranger comme dans son propre pays, ce qui frappe surtout l'officier c'est le soldat.

Je répète encore que je n'ai pas tout vu et que je ne prétends pas tout dire. Quand on étudie un peuple ou une armée, les conclusions du petit au grand, du simple au composé ne sont pas toujours permises : rien n'autorise à déduire d'un cas unique la généralité.

Mon travail n'est pas un tout soigneusement amalgamé, mais un ensemble de notes éparses, séparées par bien des lacunes. J'aime à espérer que tel qu'il est il fera apprécier comme elle le mérite une armée sur laquelle nous n'avons en France que de trop vagues idées.

CHAPITRE PREMIER

Barcelone. — Coup d'œil sur les mœurs espagnoles. — Les casernes. — A propos des cathédrales d'Espagne. — Une légende.

Je ne connais pas de site plus gracieux que la côte orientale d'Espagne de la frontière française à Valence; en particulier de Blanès à Barcelone, le coup d'œil est véritablement féerique.

A l'ouest, dans les terres, le massif montagneux de la sierra de Mazanet perd dans les nues ses pics superbes; vers l'est, l'eau bleue de la Méditerranée brise contre une plage dorée ses courtes vagues à peine blanchies par l'écume.

Rarement un nuage vient tenir l'azur de ce ciel toujours pur.

Adossés aux anfractuosités semi-circulaires de la montagne, abrités au nord-ouest des vents froids ou humides des hautes Pyrenées, tournés à l'orient et recevant, tamisés par l'humidité de la mer, les rayons d'un soleil vivifiant, les villages échelonnés sur cette partie de la côte jouissent d'une situation qu'on ne peut voir sans l'envier.

L'origine de la plupart de ces centres populeux se perd dans la nuit des temps et il faut avouer que si nous surpassons par bien des côtés les anciens, ceux-ci avaient, pour choisir l'emplacement de leurs villes, un coup d'œil, un goût qu'on ne retrouve pas chez les modernes. Quel dél cieux site par exemple que celui de cette Badalona, pimpante encore après des siècles au milieu de sa forêt d'orangers, d'aloès et de cactus, Badalona, l'ancienne Bœtulo des Romains, qui supporta pendant des années l'effort d'Hamilcar, le père du grand Annibal. Il y a de cela deux mille et quelques années ! Où seront dans un nombre aussi respectable de siècles la plupart de nos grandes cités ?

Quarante heures à peine séparent aujourd'hui Paris de Barcelone ; c'est dire qu'après avoir foulé le matin l'asphalte du boulevard des Italiens, on peut le lendemain à midi, parcourir la *Rambla de Capuchinos* ou les trottoirs de la rue Fernando.

Comment garder des coutumes locales, des costumes nationaux avec cette vitesse diabolique qui supprime les distances et demain, peut-être, effacera les frontières ?

Barcelone, le grand port commercial de l'Espagne, est une cité cosmopolite dont le cachet original va chaque jour se perdant davantage. La vieille ville, celle qu'englobait jadis une ceinture de murailles, ne sera bientôt plus qu'un point dans l'immense espace désigné aujourd'hui sous le nom d'*Ensanche* « agrandissement. » La nouvelle enceinte, s'il en faut croire les appréciations les plus modestes, n'ensscrera pas dans ses murs moins de 500,000 habitants.

La situation de Barcelone, comme celle de toute cette côte, est délicieuse.

Baignée par la mer qui lui apporte l'été ses fraîches brises, protégée, vers la terre, par une couronne de hautes montagnes que domine le Tibidabo, cette ville, avec son climat moyen de 17 degrés centigrades, est la plus agréable de la péninsule; malheureusement l'esprit de ses habitants est turbulent. Catalane, plutôt qu'espagnole, la fière cité reçoit toujours avec peine, le joug de Madrid, et l'histoire des mouvements populaires qui depuis trois cents ans ont ensanglanté ses rues est, hélas! longue à raconter.

Le Monjuich, vieux fort à la Vauban qui ne serait plus aujourd'hui qu'un nid à bombes, domine la ville à courte distance et n'est plus conservé sans doute, que pour maintenir en respect, en un jour d'émeute, une population toujours ombrageuse.

La *Rambla*, vaste promenade plantée d'arbres, coupe en deux la ville. C'est là que fourmille et grouille, outre le nombre considérable des promeneurs décents, cette multitude d'oisifs de bas étage, de vagabonds loqueteux, de mendiants dépenaillés que, sous ces climats faciles, nourrit toute grande cité.

Les modes françaises ont peu à peu détrôné la coutume nationale; cependant la *capa*, vaste manteau de drap brun à doublure rouge ou bleue, est encore portée par la majorité des hommes qui s'y drapent avec cette gravité commune à leur race. Le chapeau noir, dit *haut de forme*, et le pantalon tombant sur la botte, jurent aujourd'hui avec ce vêtement d'un autre âge. Aussi la *capa* s'en va-t-elle peu à peu, et les jeunes gens, qui aiment à parler de leur *tailleur de Paris*, commencent-ils à négliger la vénérable et nationale houppelande pour le *pardessus* signé Renard ou Dusautoy.

Chez les femmes, la mantille garde encore ses droits bien que le *chapeau* commence à avoir ses adeptes. Il est deux circonstances, cependant où l'espagnole n'ira jamais qu'en mantille : à la messe en mantille noire, en mantille blanche à la *Corrida de Toros*.

Barcelone, nous l'avons dit, est catalane avant d'être espagnole. Il est singulier combien les traditions d'une indépendance déjà aussi éloignée, se sont conservées dans les diverses classes de la société. La langue catalane est parlée partout, dans les salons comme dans les chaumières, et depuis vingt-cinq ans en particulier on peut constater une tendance très marquée, à substituer l'idiome provincial au castillan la langue officielle[1].

Dans les campagnes, le touriste qui s'est engagé dans quelque excursion lointaine, se croyant suffisamment pourvu avec son vocabulaire espagnol, ne parviendra souvent à se faire comprendre qu'avec les plus grandes difficultés. Le paysan catalan ne répond volontiers qu'aux questions qui lui sont adressées dans sa langue provinciale ; il voit toujours dans le Castillan non pas un ennemi peut-être, mais un intrus qu'il n'est jamais disposé à tirer d'affaires.

Barcelone possède un certain nombre de monuments

1. Les nombreuses associations littéraires crées récemment en Catalogne et dont la première est la Société des Jeux floraux de Barcelone (Jochs florals de Barcelona) n'ont pas d'autre but.

que je ne prendrai pas la peine de décrire, les Guides-Joanne s'étant chargés très convenablement de ce soin, mais je dirai quelques mots des quartiers d'infanterie et de cavalerie qui forment un type assez complet de ceux qu'on rencontre dans la Péninsule.

Les casernes de Barcelone sont au nombre de deux, La première qu'on rencontre sur le port, au bout de la Rambla, se compose des bâtiments de l'ancien fort des Atarazanas ; la seconde se dresse au nord de la ville, sur l'emplacement de la citadelle élevée par Philippe V à la suite de la guerre de la Succession [1].

Les *Atarazanas* comprennent de vastes bâtiments d'une distribution assez peu commode : la citadelle n'est pas en meilleur état. Les fossés récemment comblés qui entouraient ce dernier édifice ont été dernièrement cédés à la ville par l'autorité militaire, et en retour de ce don gracieux, l'*ayuntamiento* [2] s'était engagé à réédifier sur un autre emplacement les bicoques qui abritent aujourd'hui les troupes. Malheureusement les frais considérables occasionnés par la création du nouveau Parc [3], n'avaient pas permis encore à la municipalité, en février 1881, de remplir ses engagements ; de là des tiraillements entre l'autorité militaire et le pouvoir municipal ; de là, la menace récente du général Pavia, le capitaine

1 Bâtie par ordre royal du 1er juin 1715, sur les plans du lieutenant-général don Prosper de Verboon, directeur du corps des ingénieurs.

2. Municipalité.

3. Jardin public, ayant la dimension de trois ou quatre de nos plus grands squares réunis.

général de la province, de remettre la main sur les terrains cédés [1].

Les bâtiments de la citadelle comme ceux des Atarazanas, sont ainsi que nous l'avons dit, de vieilles constructions élevées en dépit des lois les plus simples de l'hygiène, sans aucun caractère architectural, surtout sans aucune de ces commodités que les ingénieurs militaires introduisent aujourd'hui dans ce genre d'édifices.

Comme il ne sera plus parlé des autres casernes qu'il nous a été donné de voir en Espagne, nous dirons sur le champ que la plupart des bâtiments militaires de la péninsule sont fort à peu près dans le même état que ceux de Barcelone. Ce sont le plus souvent de vieux couvents assez délabrés, avec d'étroites fenêtres, de petites portes, sans aucune de ces voies de dégagement indispensables dans des constructions destinées à abriter des troupes.

Barcelone n'est point aussi riche au point de vue artistique ou archéologique que bien des villes espagnoles de moindre importance; elle a néanmoins ses curiosités parmi lesquelles il faut citer surtout la *Casa de la Diputacion* et la cathédrale.

J'ai dit que je ne ferais pas concurrence aux Guides-Joanne pour la description des monuments artistiques; je ne puis cependant m'empêcher de placer ici une

1. Depuis que ces lignes ont été écrites, le capitaine-général Pavia a été remplacé par le lieutenant-général Prendergast et le général Prendergast lui-même a été relevé par le capitaine-général actuel; — de plus un décret royal récemment publié a autorisé définitivement l'ayuntamiento à construire les nouvelles casernes sur certains terrains concédés à cet effet.

réflexion qui s'applique non seulement à la cathédrale de Barcelone, mais à toutes les métropoles d'Espagne.

Quel que soit le monument de cette sorte dont vous franchissiez le seuil dans la Péninsule, si vous pénétrez dans l'édifice par la porte principale du bas de l'église, ce que vous apercevrez tout d'abord, ce n'est point le maître-autel, ni la vue d'ensemble à laquelle vous vous attendez sans doute. Au milieu de la grande nef, masquant la vue à quelques pas de vous, à mi-chemin de la porte et du transept, se dresse une masse opaque, une construction de quatre à cinq mètres de haut qui vous cause tout d'abord une sensation désagréable.

Cette surprise architecturale est ce que les Espagnols appellent le *Coro*, le chœur, c'est-à-dire l'ensemble des stalles destinées à l'évêque et à son Chapitre.

Je ne saurais mieux comparer cette construction déplacée, qu'à un réduit de fortification placé au centre d'un ouvrage de défense. Disposé en hémicycle, en fer à cheval, avec sa seule ouverture dirigée vers le maître-autel, le *Coro* des églises d'Espagne coupe en deux le vaisseau gothique de la façon la plus malheureuse. Outre qu'il empêche d'avoir la vue d'ensemble qui n'est pas un des moindres attraits de ces monuments grandioses, ce malencontreux appendice tranche de la façon la plus désagréable la grande ligne unissant la nef au transept et à l'abside, de telle sorte que l'œil le mieux exercé, a toutes les peines du monde à comprendre l'harmonie de ces diverses parties de l'édifice, le rapport de leurs proportions. Il est vrai que dans la plupart des cathédrales d'Espagne le *Coro* est toujours un morceau délicat où se sont complus en général le génie et la main des artistes, mais cette remarque ne compense pas le mauvais effet que nous avons signalé.

Le *Coro* de la cathédrale de Barcelone est de tous points remarquable. Ce qui frappe surtout c'est la variété, la richesse des sculptures sur bois; cependant la hardiesse des lignes ne le cède en rien aux minuties, aux finesses du travail, à sa grâce, à sa délicatesse. Chacun des clochetons dominant les stalles est une merveille de patience, d'adresse et de découpage : cela ressemble à la dentelle de pierre de l'extérieur du chœur de la cathédrale de Chartres, sauf que la matière ouvragée est ici le bois. Ce fût là que le 5 mars 1519, l'empereur Charles-Quint — Charles Ier d'Espagne — distribua la Toison d'Or aux chevaliers de la célèbre promotion qui signala son élévation à l'Empire : les noms et les armoiries qu'on voit encore sur le dossier de ces stalles sont un souvenir de cette séance mémorable.

Il existe dans la cathédrale de Barcelone une légende ancienne que je n'ai vu écrite dans aucune relation. Au fond de la chapelle qui s'élève dans le chevet, derrière le maître-autel, se dresse un christ gigantesque se détachant en lumière vive sur un fond noir. Le martyr divin attaché à l'instrument de supplice dans la position consacrée par l'histoire, se tord avec effroi comme en proie à une convulsion douloureuse. Raidissant ses bras exsangues, creusant violemment son flanc gauche comme sous l'effort de quelque irrésistible pression, il semble se jeter à droite, en dehors de sa croix.

A la bataille de Lépante — c'est la légende qui parle

— ce christ décorait la proue du bâtiment de Don Juan d'Autriche. Au plus fort du combat un boulet musulman dirigé sur le vaisseau amiral allait couper en deux l'image divine quand celle-ci se contractant soudain dans la position qu'elle garde encore aujourd'hui laissa passer le projectile qui s'enfonça dans la coque du bâtiment.

Je n'avais malheureusement que peu de temps à consacrer à ces légendes, aux merveilles architecturales, aux curiosités poétiques, archéologiques, historiques dont le sol ibérique est si prodigue, et j'avais surtout à examiner d'une façon sérieuse l'armée, les choses militaires d'Espagne.

Je détournai donc mes regards de tant d'objets pleins d'intérêt et me retranchant dans ma spécialité, je jetai les yeux sur l'organisation militaire que je voyais fonctionner autour de moi. Là aussi j'avais matière à apprendre, à méditer, à comparer.

Je dirai donc surtout, ce que j'ai vu de l'armée, me permettant, suivant que l'occasion s'en présentera, une courte fugue dans le domaine de l'art, de l'histoire ou de la légende.

Des *souvenirs de voyage* ont le droit de n'être point une nomenclature aride de noms de régiments, d'établissements, d'institutions; nous userons de la liberté que nous donne notre titre,

CHAPITRE II

Organisation militaire de l'Espagne[1]. — Division territoriale. — Le conseil suprême de la guerre et de la marine. — La junte supérieure consultative de guerre. — Le conseil des exonérations et rengagements. — Du recrutement. — L'état-major général et le corps d'état-major.

DIVISION TERRITORIALE

Le territoire espagnol — Péninsule, Iles Baléares, Canaries, — est divisé militairement en quatorze districts et quarante-neuf provinces, non compris la commanderie générale de Ceuta et celle du camp de Gibraltar[2].

Bien qu'il soit question chez les militaires d'une division territoriale, se rapprochant davantage du système actuellement adopté par la plupart des États de l'Europe, il est probable que le *statu quo* actuellement en vigueur de l'autre côté des Pyrénées, durera encore plusieurs années.

1. Voir (chapitre V) les modifications apportées à l'organisation actuellement en vigueur que nous donnons ici, par les lois nouvelles sur les effectifs, les cadres et le recrutement, en ce moment en discussion aux Cortès.

2. Le camp de Gibraltar comprend une bande de terrain englobant, d'un côté à l'autre de la pointe d'Europe, la ville anglaise. — Bien que constituant un commandement à part, ce camp est placé sous la haute inspection du capitaine-général d'Andalousie.

Les quatorze districts et les quarante-neuf provinces que comprennent ces districts sont donnés dans le tableau suivant :

DISTRICTS MILITAIRES.	PROVINCES COMPRISES.	DISTRICTS MILITAIRES.	PROVINCES COMPRISES.
Nouvelle-Castille..	Madrid. Tolède. Guadalajara. Ciudad-Real. Cuenca. Ségovie.	Aragon............	Saragosse Huesca. Teruel.
		Grenade..,......	Grenade. Malaga. Almeria Jaen.
Catalogne..........	Barcelone. Taragone. Lerida. Gérone.	Vieille-Castille...	Valladolid. Palencia Salamanque Zamora. Avila. Oviedo. Leon.
Andalousie........	Séville, Cadix. Cordoue. Huelva.	Estremadoure...	Badajoz. Cacerès.
Valence..........	Valence. Alicante. Murcie. Albacete. Castellon della Plana.	Navarre..........	Pampelune.
		Burgos............	Burgos Santander. Logroño. Soria.
Galice............	La Corogne. Lugo. Orense Pontevedra.	Prov. basques...	Alava. Guipuzcoa. Biscaye.
		Baléares...... ...	Palma.
		Canaries	Santa Cruz de Ténériffe.

Les districts militaires d'Espagne, sont placés sous l'autorité d'un *capitaine-général de district* qui peut être un capitaine-général d'armée, grade équivalant à celui de maréchal de France, ou bien un lieutenant-général.

Le capitaine-général de district, a sous ses ordres

un maréchal de camp, commandant en second qui d'ordinaire est le gouverneur de la province dont le chef-lieu est également le chef-lieu du district : ainsi le commandant en second du district de *Catalogne*, réside avec le capitaine-général, à Barcelone chef-lieu du district *Catalan*, et exerce en même temps les fonctions de gouverneur de la *province de Barcelone*. Les capitaines-généraux de district, alors surtout qu'ils sont capitaines-généraux d'armée, sont à peu près omnipotents.

Dans les districts, la Nouvelle-Castille et la Catalogne tiennent le premier rang; viennent en second lieu : l'Andalousie, Valence, l'Aragon ; puis les autres, au troisième rang.

CONSEIL SUPRÊME DE LA GUERRE ET DE LA MARINE

A la tête de l'armée et de la flotte, immédiatement après le ministre de la guerre, et résolvant toutes les questions pouvant intéresser les militaires ou les marins, se trouve le Conseil suprême de la guerre et de la marine, composé de trois chambres.

Cette haute cour de justice, comprend :

- 1 Président, capitaine-général ou lieut.-général.
- 2 Conseillers, lieutenants-généraux.
- 1 Conseiller, vice-amiral.
- 2 Conseillers, maréchaux de camp.
- 2 Conseillers, contre-amiraux.
- 2 Conseillers de robe.
- 2 Rapporteurs.
- 2 Procureurs du Roi (l'un d'épée, maréchal de camp, l'autre de robe).

2 Substituts (l'un d'épée, colonel, le second de robe).
1 Brigadier[1], secrétaire.

Enfin, un certain nombre d'avocats-généraux, substituts, archivistes, secrétaires et huissiers, etc.

Il ne faut pas confondre le Conseil suprême de la guerre et de la marine, assemblée toute militaire, avec la section de guerre et marine du Conseil d'État qui est un corps civil.

JUNTE SUPÉRIEURE CONSULTATIVE DE GUERRE

La Junte supérieure consultative de guerre, créée par décret du 3 juillet 1875, est la deuxième Cour supérieure militaire du royaume. Cette assemblée, composée d'une façon permanente des directeurs-généraux des diverses armes, et présidée par un capitaine-général d'armée, a, dans ses attributions, non plus la justice, mais tout ce qui se rapporte à l'organisation de l'armée, à l'instruction militaire , à la tactique.

JUNTE SUPÉRIEURE DE DÉFENSE DU ROYAUME

Cette junte instituée en septembre 1881 est chargée de la préparation d'un projet de fortifications générales pour mettre la péninsule à l'abri d'une invasion. Elle est actuellement composée de MM. le lieutenant-général Don Carlos Garcia Tessara, directeur de l'artillerie, des maréchaux de camp don Gomez Arteche, don

1. Toutes les fois que nous emploierons cette expression dans ce travail, il faudra entendre un officier-général du rang de général de brigade.

Juan de Dios Cordova y Govantes, don Antonio Daban y Ramirez de Avellano, don Angel Rodrigues de Quijano y Arroquia.

La nomination de cette junte venant après la signature par le roi du projet de chemin de fer transpyrénéen passant par Canfranc, signifierait que le gouvernement espagnol en se décidant à ouvrir lui-même la grande barrière granitique qui sépare la péninsule ibérique de la France, songerait à prendre ses précautions contre l'éventualité d'une guerre avec..... un ennemi venant du Nord. Ces apprêts de défense territoriale sont trop naturels pour qu'ils puissent éveiller notre susceptibilité nationale, aussi n'avons-nous pas à nous en émouvoir.

C'est du reste la troisième fois au moins, en un siècle qu'une junte de défense est créée en Espagne, sans que ces commissions supérieures aient abouti, dans la pratique, à l'exécution effective d'un plan.

En 1796, le roi Charles IV avait déjà créé une commission de défense du genre de celle que vient d'instituer Alphonse XII. La *Junta* de la fin du dernier siècle, présidée par le général Morla [1] composée d'officiers, tels que Samper et Ofanil, était à même d'élaborer un projet sérieux. Elle se livra à des études préparatoires considérables et consciencieuses, fit des recherches, travailla, se donna beaucoup de peines et finit par aboutir à un projet de défense remarquable qui, correctement copié sur un manuscrit grand format,

1. Le même, précisément, auquel Napoléon Ier adressa une si rude apostrophe, la veille de l'entrée à main armée des troupes impériales à Madrid, le 3 décembre 1808.

moisit depuis cette époque dans les tiroirs de la direction générale de l'artillerie.

Plus récemment, le marquis del Duero plus connu en France sous le nom de maréchal Concha, le même qui fut tué en 1874 dans la guerre du Nord à l'attaque des lignes d'Estella avait été chargé de reprendre l'œuvre du général Morla et de présenter également un travail d'ensemble. Cette seconde junte n'aboutit à rien comme la précédente : elle dressa bien un projet, mais les choses en demeurèrent là.

Il faut espérer que la nouvelle commission de défense tiendra la main à ce que son œuvre n'ait pas le sort de ses deux aînées.

CONSEIL SUPÉRIEUR DES EXONÉRATIONS ET RENGAGEMENTS

Ce Conseil est chargé, ainsi que son nom l'indique, de remplacer dans l'armée les jeunes gens admis à se racheter, à prix d'argent, du service militaire. Il est présidé par un capitaine-général d'armée, ou par un lieutenant-général, et comprend neuf conseillers dont deux lieutenants-généraux ou maréchaux de camp, quatre conseillers appartenant aux assemblées législatives, le directeur de la caisse générale des dépôts et un membre au choix du gouvernement. Le Conseil compte en outre un brigadier-secrétaire.

RECRUTEMENT

La loi sur le recrutement en vigueur en Espagne depuis le 28 août 1878 fixe à huit ans la durée du service militaire. De ces huit années, quatre sont passées dans l'armée active et quatre dans la réserve.

L'exonération à prix d'argent est maintenue et la substitution entre parents est autorisée jusqu'au quatrième degré.

L'armée espagnole admet des rengagements de un an pour Cuba et les autres colonies d'outre-mer (*ultramar*[1]) et de deux trois et quatre ans pour la Péninsule[2]

Ces rengagements ont lieu sans prime ou avec prime et dans ce dernier cas la somme à payer au rengagé lui est délivrée en deux portions, l'une au moment où il signe son contrat, la seconde à sa libération.

Les tarifs sont les suivants :

DURÉE DU RENGAGEMENT.	AU MOMENT DU RENGAGEMENT.	A LA LIBÉRATION.	TOTAL.
Un an	50 fr.	75 fr.	125 fr.
Deux ans	75 »	175 »	250 »
Trois ans	100 »	350 »	450 »
Quatre ans	125 »	475 »	600 »

En outre, les rengagés touchent une prime journalière de 25 centimes pendant les dix-sept premières années de service supplémentaire et de 50 centimes pour toutes les années suivantes. Ils portent sur les manches après huit ans de service et jusqu'à douze années un galon, de douze à vingt ans deux galons, et ensuite un galon de plus pour chaque nouvelle période de cinq ans. 45 années d'âge et même 50 ans pour certaines troupes

1. Cuba, Philippines, Puerto-Rico.

2. Péninsule et îles adjacentes Baléares et Canaries.

(musiciens, ouvriers d'artillerie, etc.) marquent la limite que ne doivent pas dépasser les rengagés.

Chaque année, au commencement du mois de février, les opérations du tirage au sort ont lieu pour tous les jeunes gens qui ont atteint dix-neuf ans révolus au premier janvier précédent. De ces jeunes gens, un certain nombre est conservé sous les drapeaux — c'est le contingent fixé chaque année par les Cortès[1]. Les autres sont renvoyés dans leurs foyers où ils forment, avec les précédents contingents ayant déjà fait quatre ans de service, les troupes de réserve.

ÉTAT-MAJOR GÉNÉRAL

L'état-major général de l'armée espagnole réorganisé par la loi du 28 avril 1880 comprend aujourd'hui deux sections seulement d'officiers généraux.

La première section dite d'activité compte :

4 Capitaines-généraux
40 Lieutenants-généraux,
60 Maréchaux de camp,
160 Brigadiers.

La seconde section est composée de lieutenants-généraux, maréchaux de camp et brigadiers ayant dépassé l'âge de 72, 70 et 68 ans.

1. La force du contingent de cette année 1881-82 est de 138,904 hommes répartis comme il suit :

Péninsule	90,000	hommes
Cuba	35,000	—
Philippines	10,509	—
Puerto-Rico	3,395	—

Les capitaines-généraux et les officiers généraux ayant un grade dans une armée étrangère sont maintenus sans limite d'âge dans la section d'activité [1].

CORPS D'ÉTAT-MAJOR

Le corps d'état-major comprend un Directeur Général, trois brigadiers, treize colonels, seize lieutenants-colonels, vingt-cinq commandants, soixante capitaines et quarante lieutenants.

Le corps est *fermé* et se recrute au moyen d'une école dans laquelle on entre à *14 ans*.

Point n'est besoin de s'arrêter sur les inconvénients qu'un tel système peut occasionner dans une organisation militaire : ces vices ont été mis en pleine lumière par la discussion récemment entamée en France sur un semblable sujet.

Le service d'état-major espagnol est à peu près ce qu'il était dans notre pays en 1870, c'est-à-dire qu'il manque de la pratique des troupes. L'on attribue à ce sujet au maréchal Martinez-Campos l'idée d'une réforme qui ferait faire un stage dans les régiments d'infanterie ou de cavalerie à tous les colonels près de passer brigadiers; mais cette idée, vivement discutée dans la presse,

1. La loi nouvelle sur l'État-Major général, présentée actuellement aux Cortès mais non votée encore, crée pour les officiers généraux la position de retraite, sur leur demande, à partir de 60 ans

La limite d'âge pour les divers grades de brigadier, maréchal-de-camp et lieutenant-général serait désormais de 66, 68 et 72 ans.

Enfin, le gouvernement pourra choisir les capitaines-généraux parmi les lieutenants-généraux *ayant-droit* aussi bien de l'activité que de la réserve.

ne paraît pas avoir été favorablement reçue des principaux intéressés.

Le Dépôt de la guerre placé dans la dépendance du corps d'état-major est divisé en deux sections dites l'une de topographie, l'autre de statistique et d'histoire militaires.

La section topographique garde à sa charge le dessin des cartes et des plans, leur reproduction par la gravure, par la photographie, ou par tout autre moyen, la conservation des archives, le cabinet des instruments et les ateliers.

La section d'histoire et de statistique militaires a pour mission de réunir et de conserver tous les documents concernant l'organisation, la tactique, les progrès militaires des armées tant espagnole qu'étrangères.

Cette section est divisée en quatre bureaux spéciaux se répartissant le travail comme il suit :

Premier bureau. — Organisation militaire. — Documents relatifs à la division territoriale et statistique d'Espagne envisagée au point de vue militaire. — Législation militaire.

Deuxième bureau. — Etude organique et statistique des armées européennes : spécialement des pays frontières, France et Portugal.

Troisième bureau. — Etude des guerres soutenues par l'Espagne. — Etude des campagnes contemporaines en Europe et en Amérique. — Examen des résultats dus aux armes nouvelles, à l'emploi des chemins de fer, à la télégraphie militaire. — Etude des modifications qu'a pu apporter la nouvelle organisation des armées à la stratégie, à la tactique, à la manière de faire vivre les troupes.

Quatrième bureau. — Publications militaires destinées à propager l'instruction dans l'armée. — Publication de la *Revista militar española* [1].

L'Académie servant à recruter le corps d'état-major, ouvre ses portes, nous l'avons dit, à des enfants de 14 ans, pourvu qu'ils soient fils de militaires. Les jeunes gens dont les pères n'ont pas appartenu à l'armée ne peuvent se présenter qu'à 15 ans : — la limite supérieure d'admission est 20 ans, et 25 ans pour les militaires sous les drapeaux.

Les matières exigées à l'examen d'entrée, sont : l'arithmétique, l'algèbre, la géométrie élémentaire, des notions de géométrie descriptive, la trigonométrie rectiligne, des notions de trigonométrie sphérique, le dessin d'après nature, la langue française, l'histoire d'Espagne, la géographie politique universelle.

Les candidats doivent en outre produire un certificat constatant qu'ils possèdent une instruction suffisante en langue espagnole et en géométrie.

Le personnel de l'Ecole d'état-major comprend :

1 Directeur (brigadier sortant du corps.)
1 Chef du détail, directeur de l'enseignement pratique, lieutenant-colonel.
1 Commandant, professeur.
8 Capitaines, professeurs.
4 Capitaines, professeurs-adjoints.

1. Nous apprécierons cette publication en parlant de la presse militaire espagnole.

1 Médecin.
1 Professeur écuyer.
1 Maître d'escrime.

Plus le nombre nécessaire d'hommes de troupe pour le service des officiers et des élèves, à raison d'un ordonnance pour dix élèves et d'un cavalier pour trois chevaux.

Les cours, d'une durée de 4 ans comprennent les matières suivantes :

PREMIÈRE ANNÉE.

Première classe. — Géométrie analytique. — Notions de mécanique rationnelle nécessaires pour l'étude de la physique. — Notions de physique et de chimie inorganique.

Deuxième classe. — Géométrie descriptive. — Plans cotés. — Ombres. — Perspective. — Travaux militaires.

Troisième classe. — Ordonnances générales de l'armée. — Règlements de manœuvre de l'infanterie, de la cavalerie, de l'artillerie (écoles de bataillon, d'escadron, de batterie). — Détail et comptabilité. — Administration militaire.

Quatrième classe. — Dessin de genre[1]. — Dessin linéaire. — Notions sur les divers ordres d'architecture.

DEUXIÈME ANNÉE.

Première classe. — Astronomie. — Météorologie. — Géodésie.

Deuxième classe. — Calcul différentiel et intégral. — Mécanique.

1. Ce que les Espagnols appellent le « Charlet ».

Troisième classe. — Topographie. — Reconnaissances militaires. — Droit international.

Quatrième classe. — Dessin topographique et d'après la bosse. — Tachygraphie.

TROISIÈME ANNÉE.

Première classe. — Géographie militaire.—Notions de minéralogie et de géologie.

Deuxième classe. — Fortification, attaque et défense des places. — Mines.— Castramétation. — Artillerie. — Ponts militaires.

Troisième classe. — Langue française.

Quatrième classe. — Dessin topographique. — Télégraphie. — Equitation.

QUATRIÈME ANNÉE.

Première classe. — Complément des manœuvres d'infanterie, de cavalerie et d'artillerie. — Tactique supérieure. — Stratégie. — Organisation militaire. — Règlements des corps spéciaux. — Règlements concernant le service du corps d'état-major.

Deuxième classe. — Histoire militaire.

Troisième classe. — Langue allemande.

En sus de l'instruction militaire donnée dans les cours de troisième et de quatrième année, tous les samedis après-midi, les élèves des quatre années sont réunis pour tirer à la cible et prendre part à des exercices du service en campagne, de l'ordre dispersé ou serré. Dans ces manœuvres, les élèves des 3e et 4e années remplissent les fonctions de guides, de commandants de section, compagnie ou bataillon.

Chaque année, la période d'études dure dix mois — du 1er septembre au 30 juin — pour les élèves des trois premières années, et huit mois seulement — du 1er septembre au 30 avril — pour la dernière année. Les élèves qui ont subi avec succès les examens de sortie définitive, font en mai et juin un voyage d'état-major de deux mois et complètent leurs études spéciales par des travaux pratiques, des levés sur le terrain, le maniement des appareils télégraphiques, etc., etc.

Pendant l'année, il y a cours chaque jour de 9 heures du matin à 2 heures de l'après-midi : la durée de chaque séance varie entre une heure un quart et une heure et emie.

Quand un élève manque à un cours et que son absence est constatée, elle est enregistrée. Deux cahiers sont tenus à cet effet par le major, l'un pour les absences justifiées, telles que maladie, permission, etc.; l'autre pour les manquements volontaires. L'arrivée en retard à un cours, ne fût-ce que de quelques minutes, est considérée comme un manque de *ponctualité*; la non-assistance à un cours est appelé : faute *partielle*; six fautes partielles peuvent entraîner l'exclusion.

Pour le service intérieur de l'école, ce sont des élèves gradés qui sont chargés de la discipline et du maintien du bon ordre.

Les punitions infligées aux élèves, sont les suivantes : Réprimande en particulier. — Réprimande en public. —Arrêts à l'Académie.—Arrêts, sans épée dans la salle de correction de l'Académie. — Expulsion.

Les quatre premières de ces punitions sont infligées par les officiers de l'école, la dernière par le directeur général de l'arme, sur la proposition du chef de l'école.

L'uniforme des officiers d'état-major espagnol, est une tunique bleu foncé, avec *broderie d'or au collet*, — marque distinctive du corps, — pantalon bleu sombre, à bande azur, un chapeau à plumes bleu de ciel, enfin une écharpe également bleu-clair; pas d'aiguillettes [1].

---

1. Les aiguillettes sont portées par les officiers d'ordonnance et par les aides-de-camp ne faisant pas partie du corps d'état-major.

CHAPITRE III

Organisation militaire de l'Espagne (suite). — Des corps de troupes. — Hallebardiers et Escorte royale. — Infanterie. — Cavalerie. — Artillerie. — Génie.

HALLEBARDIERS ET ESCORTE ROYALE [2].

La droite des régiments d'infanterie et de cavalerie espagnols, est tenue par deux corps spéciaux, attachés à la personne du Roi, appelés l'un *Hallebardiers* (troupe à pied), l'autre *Escorte royale* (troupe à cheval). Les premiers servent dans l'intérieur du palais, les seconds accompagnent le prince dans ses excursions au-dehors.

Le corps des hallebardiers comprend deux compagnies. Un commandant-général, grand d'Espagne ou titré de Castille, assimilé à un capitaine-général, est à la tête de ce corps d'élite, dont les deux capitaines ont le grade de colonel.

2. *Alabarderos* y *Escolta Real*.

Chaque compagnie comprend en outre :

2 Lieutenants (lieutenants-colonels).
2 Sous-lieutenants (commandants).
1 Sergent-major (capitaine).
4 Sergents (capitaines).
8 Caporaux (sous-lieutenants),
100 Gardes (sous-officiers).
2 Tambours.
4 Domestiques.

Pour entrer dans les hallebardiers, il faut être âgé de 25 ans au moins, et ne pas dépasser 40, avoir la taille d'au moins 1m69, compter cinq ans de service, dont au minimum, un an de grade de sous-officier, s'engager pour quatre années, être, par-dessus cela un bon sujet, dévoué et bien noté. Les bâtards ne sont pas admis.

L'*escorte royale* a une composition moins aristocratique. Elle se compose de :

1 Colonel.
1 Lieutenant-colonel.
2 Capitaines (ayant grade de commandant).
4 Lieutenants (capitaines).
3 Alférécès (lieutenants).
120 Cavaliers de première classe.

INFANTERIE.

L'infanterie espagnole comprend :

60 Régiments de ligne.
1 Régiment de discipline (*Fijo de Ceuta*) [1].
20 Bataillons de chasseurs à pied.
1 Bataillon de discipline (à Melilla) [2].
1 Bataillon de secrétaires et ordonnances.
104 Bataillons de réserve.
104 Bataillons de dépôt.

Les régiments d'infanterie et les bataillons de chasseurs à pied, portent chacun un nom et un numéro d'ordre, par exemple : « Bataillon de chasseurs de Barcelone, n° 3 », « Régiment d'infanterie de Soria n° 9 [3].

1. Régiment fixe de Ceuta — sur la côte d'Afrique, en face de Gibraltar. Ceuta, comme on l'a vu, forme une *Commandancia militar* spéciale dans l'organisation territoriale de la Péninsule.

2. Sur la côte marocaine, près de notre frontière d'Algérie.

3. Noms des 60 régiments d'infanterie :

Regimiento	n°	Regimiento	n°
Regimiento del *Rey* (du roi)	n° 1	Regimiento Mallorca (Majorque)	n° 13
— de la *Reina* (de la reine	2	— America	14
— del principe (du prince héritier)	3	— Extremadura	15
— de la princesa (de la princesse héritière	4	— Castilla	16
— del infante (de l'infant)	5	— Borbon (Bourbon)	17
— de Saboya (de Savoie)	6	— Almanza	18
— Africa	7	— Galicia	19
— Zamora	8	— Guadalajara	20
— Soria	9	— Aragon	21
— Cordoba (Cordoue)	10	— Gérona	22
— San Fernando	11	— Valencia	23
— Zaragoza	12	— Bailén	24
		— Navarra	25
		— Albuera	26
		— Cuenca	27
		— Luchana	28
		— Constitucion	29
		— Lealtad (Loyauté)	30

Les régiments de ligne sont à deux bataillons.

L'état-major de chaque régiment, comprend :

1 Colonel.
1 Chef de musique.
1 Sergent maître-clairon.
36 Musiciens.

En temps de paix, l'effectif de chaque bataillon, tel qu'il vient d'être fixé par une récente circulaire, est de 404 hommes, y compris la section des musiciens attachée au bataillon, les sapeurs, les ordonnances et secrétaires.

L'état-major d'un bataillon, comporte :

1 Lieutenant-colonel, premier chef (*primer jefe*).
1 Commandant second chef (chef du détail et de la comptabilité).
1 Commandant dit *fiscal* (chargé de tout ce qui a trait à la justice)[1].
1 Capitaine adjudant-major (*ayudante*).
1 Sous-lieutenant porte-drapeau (*abanderado*).
1 Aumonier.
1 Médecin.

Regimiento de	Asturias	n° 31	Regimiento	San Marcial	n° 46
—	Isabel II	32	—	Tetuan	47
—	Sevilla	33	—	España	48
—	Granada	34	—	San Quintin	49
—	Toledo	35	—	Pavia	50
—	Burgos	36	—	Otumba	51
—	Murcia	37	—	Filipinas	52
—	Leon	38	—	Vad-Ras	53
—	Cantabria	39	—	Vizcaya	54
—	Malaga	40	—	Andalucia	55
—	Covadonga	41	—	Mindanao	56
—	Baleares	42	—	Guipuzcoa	57
—	Canaries	43	—	Luzon	58
—	Las Antillas	44	—	Asia	59
—	Garellano	45	—	Alava	60

1. Ce deuxième chef de bataillon ne devrait pas exister d'après la loi sur les cadres, on le trouve cependant dans tous les bataillons.

1 Maître-armurier.
1 Caporal-clairon.

Le bataillon comprend 4 compagnies actives et 2 de dépôt. Chaque compagnie active est composée de :

1 Capitaine-commandant.
2 Lieutenants.
1 Alférez (sous-lieutenant) [1].
1 Alférez surnuméraire.
1 Sergent de première classe (sergent-major).
3 Sergents de seconde classe.
5 Caporaux de première classe.
5 Id. de seconde classe.
3 Clairons [2].
1 Élève-clairon.
4 Soldats de première classe.
96 Id. de seconde classe.

En temps de guerre, le cadre de chaque compagnie est augmenté de 1 alférèz, de 2 seconds sergents, 2 premiers caporaux, 2 seconds caporaux. Le nombre des soldats de seconde classe, s'élève à 228, de telle sorte, que l'effectif total de la compagnie en hommes de troupe, est de 250.

En temps de paix, les compagnies de dépôt n'ont que leurs cadres, c'est-à-dire 1 capitaine, 2 lieutenants, 2 sergents et 1 clairon; au cas d'une mobilisation, ce cadre serait complété à l'effectif réglementaire d'une compagnie active.

1. Les anciennes Ordonnances se servaient du mot *subteniente*, peu à peu la dénomination nouvelle s'introduisit et finit par être substituée officiellement à la première (décret royal du 27 avril 1869).

2. Les tambours ont été supprimés par décret du 7 août 1873.

Chasseurs à pied. — Les bataillons de chasseurs à pied[1] comptent en temps de paix 404 hommes comme les bataillons de ligne.

L'état-major d'un bataillon de chasseurs à pied comprend :

1 Lieutenant-colonel premier chef.
1 Commandant chargé du détail et de la comptabilité.
1 Commandant *fiscal*.
1 Capitaine adjudant-major.
1 Aumônier.
1 Sous-lieutenant porte-drapeau.
1 Médecin.
1 Armurier.
1 Sergent ou caporal maître clairon.
27 Musiciens.

La compagnie est la même que dans l'infanterie de ligne, sauf 1 clairon en plus et 2 soldats de première classe en moins (94 au lieu de 96).

Les cadres de la compagnie de dépôt comprennent 1 capitaine, 2 lieutenants, 1 alférez, 1 premier sergent, 1 second sergent, 1 clairon.

1. Noms des 20 bataillons de chasseurs :

Batallon di	Cataluña	nº 1	Batallon de	Llerena	nº 11
—	Madrid	2	—	Segorbe	12
—	Barcelona	3	—	Merida	13
—	Barbastro	4	—	Estella	14
—	Tarifa	5	—	Alfonso XII	15
—	Figueras	6	—	Reus	16
—	Ciudad-Rodrigo	7	—	Cuba	17
—	Alba de Tormès	8	—	Habana	18
—	Arapilès	9	—	Puerto-Rico	10
—	Las Navas	10	—	Manila	29

Bataillons de réserve. — Les bataillons de réserve comprennent un état-major et quatre compagnies actives.

L'état-major d'un bataillon de réserve se compose de :

1 Lieutenant-colonel.
1 Commandant chargé dn détail.
1 Commandant *fiscal*.
1 Commandant surnuméraire.
1 Capitaine adjudant-major.
1 Caporal clairon.

Les compagnies comptent : 1 capitaine, 2 lieutenants, 1 alférez, 1 premier sergent, 1 clairon ou élève.

Ainsi qu'il a été dit, ces bataillons de réserve sont formés de l'excédant des contingents appelés sous les drapeaux pendant quatre ans et des hommes de 24 à 28 ans ayant déjà servi dans l'armée active. Les réservistes qui ne peuvent être appelés sous les armes que par décret royal rendu en conseil des ministres, doivent être exercés au moins une fois tous les deux ans, sans que la durée totale de ces réunions puisse à chaque convocation dépasser six semaines.

Les bataillons de réserve forment deux à deux des demi-brigades commandée par un colonel. En cas de mobilisation, ils recevraient un complément d'état-major et de cadre de compagnie qui les assimileraient en tous points aux bataillons actifs. Ils s'augmenteraient aussi d'une compagnie de dépôt.

Bataillons de dépôt. — Ces bataillons ont été créés postérieurement à la promulgation de la loi sur les cadres.

L'état-major de chacun d'eux comprend .

1 Lieutenant-colonel.
2 Commandants.
1 Capitaine adjudant-major.
1 Porte-drapeau.
1 Caporal clairon.

Le nombre des compagnies est de 4, comptant chacune 1 capitaine, 2 lieutenants, 2 alférécès, 1 premier sergent et 1 clairon.

Dans chaque capitale de district réside un colonel sous-inspecteur de ces bataillons de dépôt, dans lesquels sont inscrits les recrues disponibles, les ajournés pour insuffisance de taille, les exempts comme travailleurs agricoles, soutiens de famille, etc.

CAVALERIE.

La cavalerie espagnole comprend :

12 Régiments de lanciers à quatre escadrons.
10 Id. de chasseurs Id.
2 Id. de hussards Id.
2 Escadrons formant corps.

Les 12 premiers régiments de cavalerie (lanciers) portent les noms suivants :

Del Rey . , . .	n° 1.	De España, .	n° 7.
De la Reina. . .	n° 2.	Sagunto. . . .	n° 8.
Del Principe. . .	n° 3.	Santiago . . .	n° 9.
De Borbon . . .	n° 4.	Montesa . . .	n° 10.
Farnesio.. . . .	n° 5.	Numancia . .	n° 11.
Villaviciosa . .	n° 6.	Lusitania . .	n° 12.

Les régiments numéros 13 à 24, moins les numéros

19 et 20, sont composés de chasseurs, et portent les noms suivants :

Almansa. . . .	n° 13.	Castillejos. .	n° 18.
Alcantara. . . .	n° 14.	Alfonso XII .	n° 21.
Talavera. . . .	n° 15.	Sesma. . . .	n° 22.
Albuera	n° 16.	Villarobledo .	n° 23.
Tetuan.	n° 17.	Arlaban . . .	n° 24.

Les 2 régiments de hussards portent les numéros 19 et 20, ce sont les hussards de la Princesa n° 19, et les hussards de Pavia n° 20.

Enfin, les 2 escadrons formant corps, portent l'un le nom de Galice, l'autre celui de Majorque.

L'état-major d'un régiment de cavalerie, comprend :

1 Colonel.
1 Lieutenant-colonel.
3 Commandants.
4 Capitaines.
4 Capitaines adjudants-majors.
1 Lieutenant.
1 Aumônier.
1 Médecin.
1 Professeur vétérinaire de première classe.
1 Professeur vétérinaire de deuxième classe.
2 Vétérinaires de troisième classe.
1 Professeur d'équitation.
1 Maître sellier.
1 Armurier.
1 Trompette-maître.

1 Caporal-trompette [1].

Chaque escadron compte : 1 capitaine, 3 lieutenants, 2 sous-lieutenants, 1 sergent-major, 4 sergents, 8 caporaux de première classe, 8 de seconde classe, 4 trompettes, 3 maréchaux-ferrants, 1 forgeron, 4 cavaliers de première classe et le nombre de cavaliers de seconde classe, que désigne chaque année le ministre, d'après les ressources du budget. En temps de guerre, chaque escadron aurait 200 hommes et 150 chevaux, soit 800 cavaliers et 600 chevaux par régiment.

Dans les régiments de lanciers, 3 escadrons sont armés avec la lance et le sabre : le quatrième, dit escadron de chasseurs, porte le sabre et le fusil Remington. Les autres régiments de hussards, de chasseurs et les deux escadrons formant corps, sont armés de la même manière que le 4e escadron des régiments de lanciers.

Escadrons de réserve.— Outre ces 24 régiments de cavalerie, l'armée espagnole compte encore 40 escadrons de réserve (*comisiones de reserva*), organisés en 7 brigades, commandées chacune par un colonel. Chacun de ces escadrons comprend :

1 Lieutenant-colonel.
2 Commandants.
3 Capitaines.
1 Lieutenant.
1 Sergent-major.

1. Les Espagnols se servent des mots *caporal* et *sergent* pour désigner les bas gradés aussi bien dans l'infanterie que dans la cavalerie. Le terme *brigadier* signifie *toujours*, dans la langue militaire espagnole, un *général de brigade*.

La cavalerie espagnole comprend, en dehors des troupes dont nous avons parlé :

Une direction générale, au ministère de la guerre.

Une école de cavalerie à Valladolid.

Un établissement central d'instruction, destiné à former des professeurs d'équitation, des maréchaux-ferrants, des forgerons et des trompettes.

Une sous-direction de remonte.

Quatre établissements de remonte.

Deux dépôts d'instruction et de dressage.

Quatre dépôts d'étalons.

ARTILLERIE.

L'artillerie espagnole (troupe) comprend :

5 Régiments à pied de 2 bataillons à 4 compagnies.
5 Régiments montés à 6 batteries.
2 Régiments montés à 6 batteries (artillerie de position).
3 Régiments de montagne à 6 batteries.

Dans les régiments montés (artillerie légère de campagne et artillerie de position) aussi bien que dans l'artillerie de montagne les batteries sont de 4 pièces en temps de paix et de 6 pièces en temps de guerre.

La composition de ces batteries est la suivante, sur le pied de paix ou sur le pied de guerre.

EFFECTIFS.	ARTILLERIE DE CAMPAGNE		ARTILLERIE DE POSITION.		ARTILLERIE DE MONTAGNE	
	Pied de paix	Pied de guerre	Pied de paix	Pied de guerre	Pied de paix	Pied de guerre
Officiers....	4	5	4	5	4	5
Hommes de troupe....	95	154	111	157	116	170
Chevaux....	18	23	18	23	9	11
Mulets...,...	40	100	52	128	30	70
Pièces.......	4	6	4	6	4	6

L'artillerie espagnole comprend en outre :

Une direction générale.

Une junte supérieure consultative.

Une école spéciale.

Deux poudreries.

Deux fonderies.

Une fabrique d'armes à feu portatives.

Une fabrique d'armes blanches.

Une école de pyrotechnie.

Nous parlerons plus loin de l'école spéciale d'artillerie et du matériel.

GÉNIE.

Le *Cuerpo de Ingenieros*, corps des ingénieurs espagnols, comprend actuellement :

1 Directeur général du grade de lieut.-général.

3 Commandant-généraux sous-inspecteurs (maréchaux de camp).

14 Commandants sous-inspecteurs brevetés (brigadiers).
25 Colonels.
18 Lieutenants-colonels.
45 Commandants.
105 Capitaines.
112 Lieutenants.

Tous ces officiers sortent de l'école spéciale de Guadalajara.

Les troupes du génie consiste en 5 régiments dits d'ingénieurs, chacun de 2 bataillons à 4 compagnies ; ces corps ne comptent point de compagnies de dépôt.

Le cadre de chacune des compagnies comprend, dans les quatre premiers régiments :

1 Capitaine du génie.
2 Lieutenants du génie.
1 Alferez d'infanterie.
1 Sergent-major.
6 Seconds sergents.
6 Premiers caporaux.
6 Seconds id.
4 Clairons.
18 Ouvriers.
8 Sapeurs-mineurs de 1re classe.

Plus le nombre de sapeurs de seconde classe que fixe chaque année le ministre d'après les ressources du budget sans que ce chiffre puisse jamais descendre au dessous de 91 hommes.

En temps de guerre la force d'une compagnie serait élevée à 250 hommes et le cadre augmenté de :

1 Alférez.
2 Seconds sergents.
4 Caporaux.
1 Muletier.

Le 5e régiment d'ingénieurs comprend 1 bataillon de pontonniers et un autre d'ouvriers de chemins de fer et de télégraphistes, ce régiment est monté.

Le bataillon de pontonniers comprend quatre compagnies, dont le cadre compte :

1 Capitaine.
3 Lieutenants.
1 Sergent-major.
6 Seconds sergents.
8 Premiers caporaux.
8 Seconds id.
4 Trompettes.
18 Ouvriers.
1 maréchal-ferrant.
1 Forgeron.
8 Pontonniers de 1re classe.
86 id. 2e id.

Ce dernier chiffre est un minimum qui serait augmenté au moment d'une mobilisation suivant les besoins du service.

Dans le deuxième bataillon du 5e régiment, les deux premières compagnies sont composées d'employés télégraphistes, les deux autres d'ouvriers de chemins de fer; le cadre de ces compagnies est sensiblement le même que dans les pontonniers.

Enfin, outre les troupes dont nous venons de parler,

le génie espagnol comprend encore une *brigade topographique* de deux compagnies chargées du levé des places de guerre, des côtes et des frontières.

Comme divisions comparables à nos chefferies, la péninsule (y compris les îles adjacentes) est scindée en 15 commandements généraux correspondant aux districts militaires et au gouvernement de Ceuta.

Aux colonies le corps du génie fournit :

A Cuba, un maréchal de camp, commandant général sous-inspecteur, deux colonels, cinq lieutenants-colonels, dix-sept commandants et quatorze capitaines.

A Porto-Rico, un colonel commandant général sous-inspecteur, un lieutenant-colonel, un commandant et deux capitaines.

Aux Philippines : un brigadier commandant-général sous-inspecteur, un colonel, deux lieutenants-colonels, cinq commandants et six capitaines.

En outre, il existe à la Havane, un régiment du génie à deux bataillons et aux Philippines un troisième bataillon.

Le corps du génie comprend en outre de ces troupes:

Une direction générale.

Une junte consultative.

Un musée.

Un dépôt topographique.

Une académie spéciale.

Un établissement central d'instruction et de parcs.

Nous parlerons plus loin du musée, de l'académie et de l'établissement central.

CHAPITRE IV

Organisation militaire (suite). — La garde civile. — Les douaniers. — Les invalides. — Le corps de justice militaire. — Le corps d'administration militaire. — Le corps de santé des armées. — Le corps des vétérinaires. — Le corps d'équitation militaire. — L'établissement central de cavalerie.

GARDE CIVILE

La garde civile (*guardia civil*) qu'on peut assimiler à notre gendarmerie, est placée sous la direction du ministre de la guerre pour tout ce qui concerne son organisation, son entretien, son personnel : elle dépend du ministre de l'intérieur (*gobernacion del Reino*) pour tout ce qui touche à son service spécial.

La *guardia civil* est commandée par un officier-général de l'armée qui porte le titre de directeur-colonel-général, et est organisée en compagnies et en escadrons. Deux ou plusieurs de ces unités forment une *commandancia de tercera* et deux ou plusieurs *commandancias* constituent un *tercio* aux ordres d'un colonel.

Il existe actuellement quinze de ces *tercios* comprenant chacune en moyenne 800 gardes à pied et 110 à cheval.

Le corps comprend en outre une compagnie d'élèves-gardes.

CARABINEROS

Les carabineros ne sont pas autre chose que nos douaniers. Ce corps est organisé militairement, mais dépend pour la partie spéciale de son service du ministre d'état *(hacienda)*. Son organisation ressemble fort à celle de la garde civile et comprend comme elle des sections de cavalerie et d'infanterie embrigadées en *commandancias*.

Ces *commandancias* sont réparties entre les six districts de côtes ou de frontières qui enserrent la péninsule.

La force totale des carabiniers s'élève à 10,826 fantassins, 538 cavaliers et 2,568 douaniers-vétérans.

INVALIDES

Le corps des invalides espagnols ne saurait être assimilé en aucune manière à l'institution militaire créée en France par Louis XIV. Il jouit dans la péninsule d'une considération particulière, de prérogatives sérieuses et n'a jamais assez de places pour tous ceux qui désirent en faire partie.

A sa tête est un capitaine-général-d'armée où un lieutenant-général, suppléé dans ses fonctions par un brigadier. Le corps lui-même comprend un certain nombre de compagnies de 100 hommes commandées chacune par un chef de bataillon ou un capitaine et par deux lieutenants; il a l'assimilation d'une troupe en *activité de services*, et les officiers, après quinze ans d'ancienneté, sont promus au grade supérieur.

L'uniforme consiste en une capote ou tunique de drap gros bleu, un pantalon de même à bande bleue, un képi couleur de la capote et un shako en feutre noir. Cette tenue est portée par la troupe et par les officiers, ces derniers ayant de plus au collet la marque distinctive du corps dont ils procèdent, c'est-à-dire un numéro pour l'infanterie de ligne, un cor pour les chasseurs, une grenade pour l'artillerie, un château crénelé pour le génie, des broderies pour l'état-major, deux lances croisées pour la cavalerie, etc., etc.

JUSTICE MILITAIRE

Le corps de justice militaire espagnol comprend :

4 Conseillers, ayant rang de maréchal de camp.
1 Procureur du roi du Conseil suprême de guerre et marine, maréchal de camp.
5 Auditeurs généraux d'armée, brigadiers.
13 Auditeurs de guerre, de district, colonels.
6 Sous-auditeurs de 1re cl., lieutenants-colonels.
9 Sous-auditeurs de 2e classe, commandants.
5 Sous-auditeurs de 3e classe, capitaines.
8 Sous-auditeurs auxiliaires, lieutenants.

Les officiers de justice militaire, ont dans leurs attributions, ainsi que leur titre l'indique, l'application des lois militaires dans l'armée. Ils constituent un corps étroitement fermé, dans lequel l'avancement a lieu, comme partout en Espagne à une rigoureuse ancienneté, et dans lequel on ne peut pénétrer, d'ailleurs, si l'on n'est docteur ou licencié en droit; ses membres jouissent de l'inamovibilité.

Il est inutile d'insister sur les garanties d'indépendance, d'intégrité, de sagesse, que présentent un tel système de recrutement et d'avancement, une telle composition; aussi le corps de justice militaire d'Espagne est-il une institution digne d'envie pour les autres armées d'Europe ?

ADMINISTRATION MILITAIRE

Le corps d'administration militaire espagnol comprend les fonctionnaires de l'administration proprement dite et ceux de l'intendance. Il embrasse les six catégories d'individus suivantes :

1° Les intendants d'armée d'opérations en temps de paix, placés en temps ordinaire à la tête des quatre grands centres administratifs de la Nouvelle-Castille, de Catalogne, d'Andalousie et de Valence.

2° Les intendants militaires de division et de district.

3° Les sous-intendants.

4° Les commissaires des guerres de première et de seconde classe[1].

5° Les officiers d'administration.

6° Les élèves-aspirants.

Les employés du corps d'administration n'ont droit à aucun honneur militaire : ils avancent à l'ancienneté.

Les troupes du corps administratif se composent de

1. Il existait autrefois des majors d'administration qui prenaient rang après les commissaires des guerres.

deux brigades, l'une d'ouvriers, l'autre — en temps de guerre — dite de transports[1].

La brigade d'ouvriers se divise en onze sections: meuniers, boulangers, bergers, bouchers, maçons, tonneliers, charrons, charpentiers, serruriers, forgerons, conducteurs.

Les ouvriers d'administration sont armés depuis 1877 du mousqueton Remington et de l'épée baïonnette dite *machete*.

SANTÉ MILITAIRE

Le corps de santé militaire comprend, au sommet de l'échelle hiérarchique, une *junte consultative et économique* qui n'est autre que notre Conseil supérieur de santé des armées.

Cette junte se compose d'un médecin-inspecteur président, de deux médecins-inspecteurs de seconde classe, d'un pharmacien, d'un sous-inspecteur de première classe, directeur des études à l'école d'application de médecine, enfin, d'un sous-intendant militaire.

Le corps de santé compte :

1° Dans la Péninsule :

2 Médecins inspecteurs de 1re classe.
2 Médecins inspecteurs de 2e classe.
14 Médecins sous-inspecteurs de 1re classe.
20 Médecins sous-inspecteurs de 2e classe.
59 Médecins majors.
131 Médecins en premier.

1. C'est le *train des équipages*, qui n'est actuellement organisé qu'en temps de guerre, et qui dorénavent, d'après la loi d'organisation en ce moment présentée aux Cortès, le sera en tout temps.

162 Médecins en second.
1 Pharmacien inspecteur de seconde classe.
2 Pharmaciens sous-inspecteurs de 1re classe.
3 Pharmaciens sous-inspecteurs de 2e classe.
8 Pharmaciens-majors.
18 Pharmaciens en premier.
17 Pharmaciens en second.

2° A Cuba :

1 Médecin-inspecteur de 2e classe.
1 Médecin sous-inspecteur de 1re classe.
3 Médecins sous-inspecteurs de 2e classe.
34 Médecins majors.
60 Médecins en premier.
3 Pharmaciens majors.
16 Pharmaciens en premier.

3° A Puerto-Rico :

1 Médecin sous-inspecteur de 1re classe.
1 Médecin sous-inspecteur de 2e classe.
3 Médecins majors.
10 Médecins en premier.
2 Pharmaciens en premier.

4° Aux Iles Philippines :

1 Médecin inspecteur de 2e classe.
1 Médecin sous-inspecteur de 1re classe.
2 Médecins sous-inspecteurs de 2e classe.
8 Médecins majors.
20 Médecins en premier.
1 Pharmacien major.
4 Pharmaciens en premier.

Tous ces officiers de santé jouissent de l'assimilation aux grades des officiers combattants.

VÉTÉRINAIRES MILITAIRES

Le corps des vétérinaires militaires est destiné à fournir aux corps de cavalerie, d'artillerie et de toute troupe disposant de chevaux ou de mulets des praticiens exercés. — Il comprend, outre une junte consultative, formée d'un professeur-major et de 7 professeurs d'école, des professeurs de première, de deuxième et de troisième classe [1].

Dans les écoles militaires, dans les corps de troupes à cheval, dans les dépôts de remonte et autres établissements de ce genre, les officiers vétérinaires sont astreints à professer des cours d'hippologie et d'hippiatrique, et font la semaine de distribution de fourrages.

ÉQUITATION MILITAIRE

L'équitation, à l'école et dans les régiments de cavalerie n'est pas donnée, en Espagne, par des officiers-écuyers, comme cela se pratique en France et dans la plupart des armées de l'Europe, mais bien par des professeurs spéciaux, appartenant au *corps d'équitation militaire.*

Ces professeurs d'équitation, au nombre de 101, sont

1. Les vétérinaires jouissent de l'assimilation suivante :

Protesseur major	—	Lieutenant-colonel.
Professeurs d'école	—	Commandants.
Professeurs de 1re classe	—	Capitaines.
Professeurs de 2e classe	—	Lieutenants.
Professeurs de 3e classe	—	Sous-lieutenants.

répartis comme il suit, d'après la sélection par grade :

1 Professeur major.
5 Professeurs d'école.
22 Professeurs en premier.
35 Professeurs en second.
38 Professeurs en troisième.

Ils sont employés, comme l'indique le tableau ci-dessous, dans les divers établissements militaires.

DESTINATION AFFECTÉE AUX PROFESSEURS.	GRADE DES PROFESSEURS					
	Major	d'Ecole	1re Classe	2e Classe	3e Classe	Total
Direction générale de la cavalerie	1	»	»	1	»	2
Académie de cavalerie	»	1	1	»	»	2
Etablissement central	»	1	1	2	1	5
Ecole d'équitation	»	1	1	2	»	4
Dépôt de dressage de Cordoue	»	1	1	4	12	18
Dépôt de dressage de Grenade	»	1	1	4	12	18
Dépôt d'étalons	»	»	»	4	»	4
Ecole d'état-major	»	»	1	»	»	1
Ecole des ingénieurs	»	»	1	»	»	1
Corps montés des ingénieurs	»	»	2	»	»	2
Ecole d'administration	»	»	1	»	»	1
Ecole d'artillerie	»	»	1	»	»	1
Corps montés de l'artillerie	»	»	8	2	»	10
Escolta Real	»	»	»	1	»	1
23 régiments de cavalerie	»	»	»	10	13	23
Garde civile	»	»	1	»	»	1
Iles de Cuba et Philippines	»	»	2	5	»	7
TOTAL....	1	5	22	35	38	101

ÉTABLISSEMENT CENTRAL DE CAVALERIE

L'Établissement central de cavalerie réorganisé par décret du 14 décembre 1879, comprend deux écoles. La première dite d'*équitation*, peut être comparée à notre école de Saumur ; la seconde est destinée à former des maréchaux-ferrants et des forgerons, capables de doter à leur tour les régiments de cavalerie de praticiens exercés.

Nous ne parlerons ici que de l'école d'équitation.

Le cadre organique de cet établissement comprend :

1 Commandant.
2 Capitaines.
6 Lieutenants.
2 Professeurs en premier.
2 Id. en second.
1 Sergent-major.
4 Sergents en second.
4 Capitaines en premier.
4 Id. en second.
4 Trompettes.
2 Maréchaux-ferrants.
1 Forgeron.
24 Cavaliers (non montés) pour servir comme ordonnances.
50 Elèves d'équitation (sergents ou caporaux de cavalerie).
70 Elèves de dressage, dits *Desbravadorès*[1].

1. Ces *Desbravadorès* sont des *cavaliers de manège* ayant assez la connaissance du cheval et la pratique de l'équitation pour *dégrossir* les jeunes chevaux envoyés à titre de remonte dans les régiments de

Plus un certain nombre d'officiers d'instruction envoyés par les régiments de cavalerie.

La durée du cours est de un an pour les officiers d'instruction et les élèves de dressage, de trois ans pour les élèves d'équitation. Ce sont ces derniers jeunes gens en général qui recrutent les corps d'équitation militaire.

Officiers d'instruction.

Première classe. — Eléments d'équitation de D. Francisco Laiglesia y Darrac résumant en un an les trois années de cours des élèves d'équitation.

Deuxième classe. — Hippologie. — Art de la ferrure; sa pratique. — Histoire du cheval à l'état libre. — Condition que doit remplir le cheval de guerre. — Œuvres de La Naceri; les *Chevaux du Sahara*, par le général Daumas. — Travaux pratiques. — Dressage des jeunes chevaux.

Troisième classe. — Révision générale des matières déjà vues, et service spécial de la cavalerie en campagne.

Elèves d'équitation.

Première année. — Eléments d'équitation de Laiglesia y Darrac. — Ordonnances de cavalerie jusqu'aux fonctions de lieutenant. — Manœuvres jusqu'à l'école d'escadron inclusivement. — Exercices pratiques.

Deuxième année. — Equitation de Laiglesia. —

cavalerie. Ils sont chargés de *desbravar*, mot à mot *d'enlever leur première fougue* aux jeunes animaux que les professeurs d'équitation achèveront ensuite de dresser.

Arithmétique. — Géométrie plane. — Fortification. — Service de la cavalerie légère. — Cours de M. Alcala Floran. — Exercices pratiques. — Exercices au manège. — Dressage des jeunes chevaux. — Maniement des armes à cheval.

A la fin de cette seconde année, les élèves doivent être régulièrement *placés* à cheval, savoir se servir pertinement de la main et de la jambe, être en un mot, d'assez bons écuyers pour passer, en troisième année, à l'école de dressage.

Troisième année. — Equitation. — Précédents ouvrages, plus La Guérinière, Bohan, Newcastle, Eissemberg, Pembroke et Baucher. — Hippologie. — Ferrure. — Exercices pratiques. — Sauts d'obstacles. — Carrousels. — Tirs à cheval. — Escrime du sabre. — Conduite d'un peloton de dressage.

Les *desbravadorès*, en raison même de leurs futures fonctions, reçoivent une instruction moins compliquée que les élèves d'équitation. Leur cours, d'une année, ainsi qu'il a été dit, se divise en deux périodes de six mois chacune et consiste en exercices purement pratiques.

CHAPITRE V

Organisation militaire de l'Espagne (Suite). — Les nouvelles lois militaires présentées aux Cortès.

Les chapitres précédents étaient livrés déjà à l'impression, au moment où la *Gazette Officielle* de Madrid mit sous nos yeux les trois projets actuellement en discutions aux Cortès, projets suivant lesquels de nouvelles et considérables modifications vont être apportées avant peu à l'organisation militaire de l'Espagne.

Le projet de loi concernant les effectifs, et la durée du temps de service à passer sous les drapeaux, a été présenté aux Chambres par le maréchal Martinez Campos, le ministre actuel de la guerre, mais on attribue généralement la paternité de ce document au roi lui-même qui, dans une visite récente à la Corogne, avait fait allusion aux améliorations à introduire dans l'organisation aujourd'hui en vigueur dans la Péninsule.

L'innovation principale, celle qui d'ailleurs rencontre en ce moment le plus d'opposition tant dans les Chambres que dans le pays, porte sur la durée du temps de présence que les hommes auront désormais à passer sous les drapeaux.

Comme on l'a vu un peu plus haut ce temps est aujourd'hui de quatre années pour tous les appelés. Or le premier article de la loi nouvelle, répartissant inégalement les obligations suivant les armes, fixe à deux ans et trois mois la période de présence pour l'infanterie et à trois ans celles de la cavalerie, du génie et de l'artillerie.

Nous venons de le dire, cette inégalité, bien que dictée par des raisons d'un grand poids, bien que justifiée par des avantages sérieux, bien que constituant la principale modification au système actuel, n'obtiendra peut-être pas l'approbation des Cortès tant elle a émue l'opinion publique, tant elle a soulevé de critiques. Sous ce rapport les Espagnols n'ont pas l'air de comprendre à quelle considération a obéi le législateur en inscrivant dans son projet cette répartition, injuste à première vue des obligations militaires, et il se pourrait faire que les explications du ministre, à la tribune, vinssent à bout de cet effroi un peu inconsidéré, de cette réprobation inconsciente.

Nous ne saurions anticiper sur les évènements ni prédire la solution exacte de la question pendante aux Cortès.

Continuons l'examen du projet de loi.

A l'expiration de leur séjour sous les drapeaux les soldats de toutes armes passeront dans la première réserve ou réserve active et y demeureront jusqu'à l'accomplissement d'une période de service de six années, y compris leur temps de présence. Les fantassins passeront donc dans la réserve active trois ans et neuf mois ; les hommes des autres armes trois ans seulement.

Au sortir de cette première réserve les soldats de toutes armes feront partie de la deuxième réserve : les fantassins y demeureront six années et les soldats des autres armes quatre années seulement, pour compenser les neuf mois de présence qu'ils auront fait de plus que l'infanterie dans la première période de leur temps de service.

Les *recrues disponibles*, c'est-à-dire la portion du contingent annuel qui, soumise aux obligations militaires, n'aura pas été appelée sous les drapeaux, les rachetés à prix d'argent, les exempts comme soutiens de famille, les travailleurs agricoles, tous ceux en un mot qui, faisant partie d'une classe, n'auront pas été compris dans le contingent voté par les Cortès, seront inscrits pendant douze années sur les contrôles de *Bataillons de Dépôt* et seront exercés trois mois, la première année, quand l'état du trésor le permettra.

Ces bataillons de dépôt qui vont constituer désormais la base même de l'organisation régionale telle que peut la permettre l'état présent de l'armée espagnole[1], seront portés de 104, chiffre actuel, au total de 140. A chacun d'eux correspondra un bataillon de l'armée active et un autre de la réserve, et chacun également inscrira sur ses contrôles, outre le nom des disponibles dont nous avons parlé, tous les hommes de sa circonscription en réserve active ou en congé illimité sauf ceux appartenant à l'artillerie, à la cavalerie ou au génie.

Les *bataillons de réserve*, qui seront portés, comme

1. Los batallones de deposito que forman esencialmente la base de la localizacion posible ahora en el ejército, en relacion cada uno de ellos con uno activo y otro de reserva, llevarán el alta y baja de los individuos que se hallen dentro de sus demarcaciones en la situacion de licencia ilimitada, ó sea reserva activa, excepcion... etc. » (Projet de loi. Art. 12.)

les bataillons de dépôt de 104 à 140, et qui seront établis dans les mêmes circonscriptions territoriales, tiendront les contrôles de tous les hommes de la première réserve, à l'exception de ceux appartenant à la cavalerie, à l'artillerie et au génie qui possèderont leur contrôle particulier.

Ce seront les cadres des bataillons de dépôt qui, au moment de l'appel, recevront les recrues et les conduiront au bataillon actif correspondant. En cas de mobilisation, ces mêmes cadres devront également réunir et conduire sans retard au corps auxquels ils appartiennent, les hommes de la réserve active ; de plus, encore, ils pourront servir de noyau pour les bataillons de seconde ligne formés avec les recrues disponibles et destinés à pourvoir les corps de première ligne des troupes de complément nécessaires [1].

Le projet émet ici l'espérance que d'ici à peu de temps les bureaux actuels de recrutement pourront être supprimés et remplacés dans leurs attributions par les bataillons de réserve et de dépôt. Enfin la deuxième compagnie de dépôt de chaque bataillon actif est supprimée et la force de l'autre varie de 404 hommes en temps de paix à 1,200 en temps de guerre.

Tout ce qui précède a trait à l'infanterie, voyons maintenant les autres armes.

« L'effectif — troupe — des 24 régiments de cavalerie dit l'article 17, sera porté à 500 hommes. »

Il est créé — art. 18 — 24 escadrons de dépôt sur les points qui seront fixés ultérieurement comme résidence

1 « Los hombres necesarios para cubrir sus bajas. » (Art. 15.)

aux régiments de même arme; ces escadrons tiendront, en temps de paix, les contrôles des hommes de la première réserve appartenant aux régiments actifs auxquels ils correspondront.

Les 40 *comisionès* de réserve, les deux dépôts d'instruction et de dressage dont il est parlé au précédent chapitre de notre travail, sont supprimés et remplacés par 24 régiments de réserve, dont les points de résidence seront fixés plus tard. Les attributions de ces nouveaux corps seront de tenir en même temps un contrôle des hommes de la deuxième réserve et une situation des chevaux pouvant servir en cas de mobilisation.

L'artillerie est l'arme qui, d'après le nouveau projet, paraît devoir être le plus fortement modifiée.

« Dans l'état actuel, dit au cours de son *Exposé des motifs*, le général Martinez de Campos, il est impossible à notre artillerie de pourvoir d'une façon raisonnable au service des places fortes, à celui des points fortifiés et aux autres charges qui lui incombent, avec les cinq régiments à pied dont elle dispose. L'un de ces régiments doit être attribué aux Canaries, l'autre aux îles Baléares, et au moment même où nous cherchons à augmenter, à améliorer le matériel que nous possédons dans nos places de guerres, les sacrifices que nous nous imposons doivent forcément s'évanouir en fumée, si nous ne nous réservons pas le nombre d'hommes indispensable pour servir ces canons.

« Les grands perfectionnements subis dans ces derniers temps par l'artillerie, l'importance chaque jour croissante de cette arme sur les champs de bataille, exigent impérieusement que les nations lui consacrent toute leur attention, qu'elles augmentent son effectif jusqu'à parfaire le chiffre de trois pièces par 1,000 combattants. Pour nous, à la vérité, de telles aspirations seraient exagérées, car l'argent nous manque; cependant il ne nous est pas permis de demeurer dans la situation actuelle.

« Aujourd'hui notre artillerie de campagne compte, en temps de paix, à peine 200 pièces, dont 100 de campagne, 40 de position et 60 de montagne; en temps de guerre ce chiffre s'élèverait à 396 dont 140 de montagne; c'est-à-dire que nous disposons seulement d'une pièce par 1.000 hommes, chiffre absolument insuffisant et que nous devons augmenter au moins du double, si nous voulons avoir une armée capable d'envisager avec calme toutes les éventualités.

« En portant notre force militaire à 400.000 combattants, dont 350.000 pour l'infanterie et la cavalerie, il nous faudrait donc, en nous tenant seulement au chiffre de 2 canons par 1.000 hommes, un total de 700 pièces d'artillerie; et pour arriver à ce résultat qui constituerait déjà un progrès sérieux sur la situation actuelle de notre état militaire, nous aurions l'obligation de créer les cadres nécessaires pour le service de 304 canons. Mais même une telle augmentation, encore qu'elle soit insuffisante, demeure au-dessus des ressources immédiates du pays, tant à cause des dépenses extraordinaires qu'elle amènerait tout d'un coup que de l'impossibilité dans laquelle nous serions de trouver en un jour la quantité d'officiers, de cadres, de matériel nécessaire. Nous nous contenterons donc de créer actuellement trois régiments à pied, d'augmenter les batteries de douze hommes et de deux ou de huit mulets suivant qu'elles sont de campagne ou de position ; puis en 1882 et dans les deux années suivantes nous procéderons à la mise sur pied de deux nouveaux régiments montés dont nous possédons déjà le matériel. Également nous établirons une école centrale de tir d'artillerie.

« En outre de ces premières créations nous formerons dès à présent six régiments de réserve d'artillerie, auxquels nous ne donnerons tout d'abord qu'une organisation sommaire et que nous développerons et consoliderons peu à peu ; de même, chacun des bataillons à pied recevra une compagnie de dépôt au fur et à mesure que l'exigera, d'un côté le nombre d'hommes fourni par le nouveau système de recrutement, que le permettront d'autre part, notre approvisionnement en matériel et l'effectif de nos officiers. — Une fois ces augmentations menées à bonne fin, une fois que le système expliqué dans le projet que nous vous soumettons aura atteint son plein développement, nous disposerons des 700 pièces de campagne auxquelles, dans la situation présente de l'Espagne, il nous est actuellement permis d'aspirer. »

A propos de l'artillerie à cheval, institution qui n'existe pas en Espagne, comme le savent probablement nos lecteurs, le ministre de la guerre a fait la déclaration suivante :

« Il serait à propos, a-t-il dit, de doter notre armée d'une artillerie à cheval à l'imitation de ce qu'ont fait jusqu'ici les grandes puissances de l'Europe. Malheureusement de tels corps coûtent non-seulement beaucoup à créer, mais beaucoup aussi à entretenir. De plus, nous n'avons pas en Espagne — c'est l'expérience qui l'a démontré — une race de chevaux propres à ce service. Il faudrait les tirer de l'étranger et subir les pertes inhérentes à tout système d'acclimatation. — Nous remettons donc à plus tard, la réalisation de cette amélioration désirable, et nous attendrons que, sans porter préjudice à la remonte de notre cavalerie, la direction des haras soit arrivée à produire la race qui nous manque actuellement. »

De cette partie du discours du général Martinèz de Campos, nos lecteurs ont pu déduire les modifications concernant l'artillerie inscrites dans le projet de loi. Les articles 21 à 25 fixent une augmentation de 12 hommes et 2 à 8 mules par batteries, suivant que les pièces seront de position ou d'artillerie légère de campagne, la création d'une école centrale de tir, celle de 3 bataillons à pied, de 2 régiments d'artillerie montée [1] enfin de 6 régiments de réserve dont les sièges seront Barcelone, Saragosse, Valladolid, La Corogne, Madrid et Séville.

Pour le Génie, les articles 26 et 27 s'expriment en ces termes : « Chacun des 10 bataillons d'ingénieurs contiendra une unité de plus qui prendra le nom de compagnie de dépôt. La mission de cette compagnie sera de tenir en temps de paix, le contrôle des hommes du bataillon en position de réserve active.—Ces hommes figureront sur les dits contrôles au titre : en congé illimité. En cas de guerre, les compagnies de dépôt instruiront les recrues, et fourniront à leur bataillon les troupes de complément qui leur seront nécessaires. Les com-

1. Un d'artillerie de campagne, un d'artillerie lourde.

mandants du génie des capitales de district seront directement chargés des hommes de la réserve active et de ceux de la seconde réserve habitant dans les limites de leur circonscription territoriale. Ils s'entendront avec les colonels pour tous les détails relatifs aux appels soit en temps de paix, soit en temps de guerre. »

Enfin, le dernier article du projet de loi, parle de l'organisation en tout temps, d'un service de transports, lisez *train des équipages*, institution qui n'existe en Espagne qu'en temps de guerre.

Tel est, au résumé, la loi d'organisation militaire qui va régir d'ici à peu de temps sans doute, l'armée espagnole.

Pour la durée du temps de service, le tableau suivant permet d'embrasser d'un coup-d'œil les obligations nouvelles suivant chaque arme.

DURÉE DU SERVICE MILITAIRE

ARMES	SOUS LES DRAPEAUX	1re RÉSERVE OU RÉSERVE ACTIVE	DEUXIÈME RÉSERVE	TOTAL
Infanterie. . .	2 ans et 3 mois	3 ans et 9 mois	6 ans	12 ans
Cavalerie. . .	3 ans	3 ans	4 —	10 —
Artillerie . . .	3 ans	3 ans	4 —	10 —
Génie.	3 ans	3 ans	4 —	10 —
Recrues disponibles..			12 ans	12 ans

La cavalerie demeurera à peu près ce qu'elle est,

ocmme effectif, y gagnant seulement au point de vue de la facilité de l'instruction et de la mobilisation. Le génie comme la cavalerie, trouvera dans les modifications présentes une solidité plus grande et plus de facilité pour son recrutement en temps de guerre. Le train des équipages n'aura plus la situation aléatoire qui est actuellement la sienne au moment d'une entrée en campagne ; enfin, l'artillerie sera doublée et mise plus en rapport avec les améliorations introduites dans cette arme, chez les diverses nations de l'Europe.

Il est donc incontestable, que les nouvelles lois militaires, ne constituent un progrès réel sur l'organisation actuelle; elles sont la suite naturelle du souffle régénérateur, qui semble depuis quelques années animer et pousser en avant le peuple espagnol.

CHAPITRE VI

Guadalajara. — Coup d'œil sur le corps du génie espagnol. — Les ateliers généraux. — L'académie. — Le museo de Madrid. — Le collège des orphelins de la guerre et le palais des ducs de l'Infantado à Guadalajara.

Le corps du génie espagnol jouit dans le monde militaire d'une réputation que lui ont justement conquise les officiers distingués qu'il a de tout temps produits.

C'est à Pedro Navarro le bizarre aventurier que connaît la France, c'est à Blasco de Garay, à Pedro de Peso, à Hernando de Quesada, à Vallejo Pacheco, à Juan de Eguizabal, à Juan de Zurita les ingénieurs de la grande époque espagnole, que le corps du génie actuel fait remonter son origine.

En réalité, il n'est guère permis de reporter la naissance du Cuerpo de Ingenieros moderne au delà de 1711, époque à laquelle le lieutenant général marquis de Verboon[1] refondit en un tout bien amalgamé les

1. Le marquis de Verboon était français d'origine et fils de don Cornelio Verboon ingénieur-major des armées espagnoles dans les Pays-Bas, et en Franche-Comté où il avait construit la citadelle de Besançon. — Le marquis de Verboon était en disgrâce à Chartres quand, en 1709, Amelot, notre ambassadeur auprès de Philippe V, lui fit expédier par ce prince (13 janvier 1710) une lettre de rappel conçue dans les termes les plus flatteurs. Un brevet joint à la lettre le nommait ingénieur général et quartier-maître général des armées espagnoles.

membres disjoints qui n'avaient à cette époque à peu près aucune cohésion.

Modifié en 1724, en 1756, et une troisième fois en 1758 le décret de 1711 fut définitivement annulé en 1802 par la décision souveraine créant à la date du 5 septembre, le régiment royal des sapeurs-mineurs commandés par des *Officiers du corps des Ingénieurs.* — L'année suivante (1803) une académie du corps fut établie à Alcala de Hénarès, et cette école, supprimée en 1823 comme manifestant des tendances libérales trop avancées, fût transportée en 1833 à Guadalajara où elle est encore.

Les ateliers du génie espagnol installés à Guadalajara, sont situés dans un ancien couvent appelé *El fuerte* : le Fort.

Cette construction n'a rien cependant qui tienne d'un ouvrage de fortification : peut-être cette dénomination lui vient-elle des deux tours en moellons qui flanquent la porte d'entrée vers la ville et du méchant mur crénelé qui l'entoure du même côté.

Dans le cabinet du colonel directeur un petit musée contient les modèles de tous les instruments, voitures, chariots, pontons, etc., employés par le génie espagnol; ces modèles, dont les uns sont en grandeur naturelle et dont quelques autres, tels que les voitures d'outils, sont des réductions presque minuscules, ont tous été exécutés très adroitement par les ouvriers des ateliers militaires.

Les voitures du génie contiennent environ 1,700 outils de toute espèce.

L'Espagne n'ayant pas encore adopté le système des

brigades, divisions et corps d'armée permanents, il n'existe pas actuellement d'autre principe pour la répartition des outils de campagne que celui d'après lequel au moment d'une mobilisation, 7 des voitures dont nous venons de parler seraient attachées à un corps d'opérations de 8 à 10,000 hommes. Il faut rappeler ici que le soldat espagnol n'est encore muni d'aucun outil de pionnier, bien que ce soit le fantassin qui sache le mieux peut-être en Europe remuer la terre et la disposer en abris: témoin les *zanchas* carlistes dans la dernière guerre civile.

Les pontons du génie espagnol ressemblent fort aux nôtres, ainsi que la plupart de ses outils de campagne. Comme voiture particulière à l'armée péninsulaire, il faut remarquer le *chariot catalan*, qui n'est autre que la charrette employée par le paysan des campagnes de Catalogne, d'Aragon et de Valence. — C'est une voiture à fond de cordes, très grossière, mais que l'expérience, bonne maîtresse en ces matières, a conseillé d'adopter.

Les forges, les ateliers de serrurerie, de charpenterie, de menuiserie, sont vastes et capables de contenir un nombre considérable d'ouvriers. Des machines à vapeur installées dans chaque atelier, peuvent à un moment donné, centupler la force motrice ; il est vrai de dire qu'elles sont peu employées d'ordinaire.

Dans le *parc de réserve* qui fait suite aux forges, nous voyons quelques approvisionnements relatifs au matériel à emporter par le génie en campagne entr'autres de jolis étuis de mathématiques. Cela est peu considérable et en nombre restreint.

Le local le plus curieux des ateliers de Guadalajara, n'a de militaire que le souvenir des dévastations qui y furent commises par nos troupes en 1808, l'*año ocho*, comme disent les Espagnols. — Nous voulons parler du caveau mortuaire des ducs de l'Infantado.

Au fond de la chapelle où est installé aujourd'hui le *parc à outils* dont nous venons de parler, une ouverture pratiquée dans le sol, marque l'entrée du monument funéraire : un escalier tournant de vingt à vingt-cinq marches y conduit.

La torche résineuse qui nous éclaire, jette ses lueurs blafardes sur les marbres de nuances variées qui tapissent les murs d'une admirable mosaïque. Aidés par cette lumière vacillante, nous lisons sur la paroi une inscription à demi-effacée, relatant qu'en 1808 les tombeaux que nous allons voir furent profanés par les soldats de Murat.

En face des dernières marches apparaît une crypte tout à fait obscure ; c'est dans son triste nom qu'il n'est pas besoin d'expliquer le *pudridero*. Dans la muraille vis-à-vis la porte d'entrée sont pratiquées un certain nombre d'excavations dans lesquelles peut, au juste, s'emboîter un cercueil. C'est la première étape du mort dans sa demeure éternelle : c'est là qu'il attendra le travail de décomposition qui détachera la chair de ses os et la réduira bientôt en poussière. Ce ne sera qu'après cette ruine dernière, que réduit à l'état de squelette décharné, il pourra pénétrer enfin dans le véritable caveau.

Ce dernier asile a la forme d'un octogone d'environ six mètres de diamètre ; la porte d'entrée en occupe un des côtés et sur un autre, vis à vis cette porte, s'élève un autel mutilé. Les murs et le sol sont pavés d'une mosaïque plus riche encore que celle de l'escalier. Sur les six parois laissées libres, et aussi sur la septième, au-dessus de la porte, sont étagés les uns au-dessus des autres, quatre rangs de cercueils de marbre. Chacun garnit une niche.

Le plafond en coupole a victorieusement résisté aux efforts du temps et à la fureur des dévastations; sa hauteur d'environ sept mètres, l'a protégé contre des mains ineptes.

De riches caissons enluminés, jetant encore de vives lueurs, composent ce précieux morceau d'architecture qui va malheureusement se détériorant chaque jour davantage. Espérons que le gouvernement espagnol, comprendra que se serait un crime de lèse-arts, de laisser sans mot dire la main du temps s'appesantir sur de pareilles beautés.

Au centre de la ville, sur une place irrégulière, s'élève l'*Académie* destinée à fournir au corps des ingénieurs les sous-lieutenants nécessaires à son recrutement. Cette ancienne fabrique de draps n'a rien de monumental, surtout à côté du palais des Ducs de l'Infantado, dont nous parlerons tout à l'heure.

On franchit un *patio* carré assez peu étendu, et l'on monte au premier étage, dans les appartements.

C'est d'abord la salle d'attente des professeurs, grand salon meublé avec sobriété, puis le musée, contenant les portraits de tous les généraux du corps en remontant à ceux des ingénieurs du XVIe siècle tels que Pedro Navarro, par exemple; au fond est l'appartement destiné au général Directeur-général du corps, quand il vient à Guadalajara.

Toutes ces salles sont vastes, bien aérées, bien éclairées. A chaque cours correspond un musée spécial dont chaque ensemble ne vaut peut-être pas ce que nous avons à Paris à l'École polytechnique, mais qui présente dans un groupement peut-être meilleur, les divers modèles que dans chaque cours les élèves doivent avoir sous les yeux. La salle de fortification, celle de topographie, de minéralogie, les cabinets de physique et celui de chimie, l'observatoire astronomique sont installés convenablement. La salle de dessin graphique est la plus belle que nous connaissions; elle peut contenir à l'aise plus de 200 élèves. Aux parois est appendue toute une collection de levés topographiques, profils d'ouvrage, sans compter une série de *charges* ou dessins de genre dus à la plume du lieutenant Lagarde que ses camarades appellent volontiers le Charlet espagnol.

Près de la porte, une plaque gravée rappelle aux promotions nouvelles les noms des officiers du corps, tués à l'ennemi.

Le personnel de l'école de Guadalajara, comprend :

1 Colonel-directeur,
1 Lieutenant-colonel, chef du détail,
17 Professeurs dont 2 chefs de bataillons et 15 capitaines,
5 Professeurs adjoints lieutenants.

On peut entrer à l'école du Génie de 15 à 22 ans et même à partir de 14 ans si l'on est fils de militaire; ces limites d'âge sont les mêmes pour toutes les Académies militaires d'Espagne.

Les examens d'entrée ne comportent ni physique, ni chimie, ni mécanique, ni cosmographie : un thème français, un dessin d'après la bosse, un paysage, un levé topographique, des notions d'histoire et de géographie pour ceux qui ne produisent pas un certificat d'études, enfin, en mathématiques, le programme suivant :

Géométrie : les huit livres de Legendre ; en arithmétique, jusques aux logarithmes inclusivement ; en algèbre, jusques aux formules et puissances d'un polynome, séries, logarithmes.

La période totale des études est de cinq ans, dont une année de cours préparatoire et quatre années de cours supérieurs.

Nous résumons ici très succinctement les programmes d'études suivies dans ces cinq années d'Ecole.

La première année, dite de préparation, comprend deux cours; le premier cours est divisé en trois classes, le second en six :

ANNÉE PRÉPARATOIRE

PREMIER COURS.

1re classe. — Algèbre supérieure (27 leçons, 15 répétitions). De la théorie des fonctions dérivées et de la formule de Taylor à la théorie des éliminations, aux théorèmes de Sturm et de Rolle, aux racines incommensurables, aux racines imaginaires et aux équations irrationnelles.

2e *classe.* — Géométrie analytique de deux dimensions (30 leçons, 16 répétitions). Des coordonnées à la théorie générale des tangentes et aux asymptotes rectilignes, étude de l'ellypse, de l'hyberpole et de la parabole, coordonnées polaires et sections coniques.

3e *classe.* — Géométrie analytique de trois dimensions (19 leçons, 11 répétitions). Des projections des lignes et des plans à la formule d'Euler. Problèmes sur les lignes et sur les plans. Plans diamétraux. Surfaces avec ou sans centres. Discussions des équations numériques du 2e degré.

DEUXIÈME COURS.

1re *classe.* — Trigonométrie rectiligne (12 leçons, 6 répétitions). Des notions préliminaires à la résolution des triangles rectangles et obliqu'angles.

2e *classe.* — Trigonométrie sphérique (18 leçons, 12 répétitions). Jusqu'au théorème de Legendre.

3e *classe.* — Géométrie descriptive (45 jours.) De la représentation du point à l'intersection de deux polyèdres.

4e *classe.* — Géométrie plane (11 leçons, 3 répétitions). Des principes des signes aux maxima et aux minima des figures planes.

5e *classe.*—Géométrie dans l'espace (20 jours). Relation anharmonique de quatre plans. Centre de distances proportionnelles. Surfaces et volumes engendrés.

6e *classe.* — Calcul graphique (24 leçons, 12 répétitions). Principes généraux. Instruments de calcul. Polygones funiculaires. Résultante d'un système de lignes. Figures réciproques.

Les auteurs suivis dans le cours préparatoire sont :

Trigonométrie rectiligne et sphérique : Blanco de Cela. — Géométrie descriptive : Pedraza y Ortega. — Géométrie : Rouché et Comberousse. — Calcul graphique : Lévy. — Algèbre supérieure : Cirodde. — Traité de l'élimination : Piñar. — Géométrie analytique : Sonnet.

PREMIÈRE ANNÉE.

Deux classes. — Huit cours.

PREMIER COURS.

1re *classe.* — Calcul différentiel (14 leçons, 7 répétitions). Des définitions aux équations différentielles et à la détermination des valeurs se présentant sous la forme $\frac{0}{0}$.

Application du calcul différentiel (17 leçons, 15 répétitions).

2e *classe.* — Calcul intégral (23 leçons, 12 répétitions). Définitions jusqu'à la formule de Bernouilli. — Intégrales particulières et définitives jusqu'à la théorie des fonctions indéfinies.

Applications géométriques du calcul intégral (6 leçons, 3 répétitions).

3e *classe.* — Astronomie (20 leçons, 10 répétitions). Premières notions. Ascension droite et déclinaison. Du soleil, de la terre, de la lune. Astronomie pratique.

SECOND COURS.

1re *classe.* — Géométrie descriptive (30 leçons, 15 répétitions). Des courbes et surfaces aux génératrices des surfaces coniques et cylindriques. Plans tangents. Cylindres. Cônes. Surfaces de révolution. Surfaces développables. Surfaces enveloppantes. Intersection de surfaces. Sections planes des surfaces coniques. Sections planes des surfaces de révolution. Intersection de 2 surfaces courbes. Plans tangents par un point en dehors de la surface. Plans tangents parallèles à une droite. Plans tangents par une droite. Plans tangents à plusieurs surfaces, etc., etc., jusqu'aux surfaces hélicoïdales.

2e *classe.* — Plans cotés. Ombres. Perspective (11 leçons, 3 répétitions).

3e *classe.* — Physique (lumière) (6 leçons, 3 répétitions). Lumière. Miroirs. Lois de la réflexion et de la réfraction. Instruments d'optique.

4e *classe.* — Topographie (22 leçons, 11 répétitions). Définitions. Planimétrie. Levés réguliers. Mesures des angles. Instruments. Nivellement. Reconnaissances.

5e *classe.* — Géodésie (10 leçons, 5 répétitions). Définitions. Résumé des opérations géodésiques. Méthodes allemande, française. Goniomètre. Nivellement géodésique. Projections estéorographiques. Projections coniques de Flamsteed. Projections françaises.

Les auteurs suivis pour les cours que nous venons d'énumérer, sont :

Géométrie descriptive : Pedraza. — Plans cotés : Arroquia. — Perspective : Leroy. — Physique : Ganot: — Topographie : Bertrand. — Géométrie descriptive : Francœur, Ibañez et Saavedra.

DEUXIÈME ANNÉE.

Deux cours. — Six classes.

PREMIER COURS.

1re *classe.* — Mécanique rationnelle. Première partie, cinématique pure (8 leçons, 4 répétitions). Deuxième partie, géométrie des masses (4 leçons). Troisième partie, statique pure (10 leçons, 5 répétitions). Quatrième partie, dynamique pure (14 leçons).

2e *classe.* — Mécanique appliquée. Première partie, cinématique appliquée (5 leçons, 3 répétitions). Deuxième partie, statique appliquée (7 leçons, 4 répétitions). Troisième partie, dynamique appliquée. Mesure du travail des machines. Théorème de la transmission du travail. Régulateurs, volants, contre-poids, modérateurs, moteurs hydrauliques. Roue de Poncelet. Machines hydrauliques. Injecteur Giffard. Pompes Letestu. Chaudières du foyer intérieur de Watt. Machines à vapeur. Machine de Watt. Machines fixes, horizontales, verticales. Locomobiles. Locomotive. Locomotives routières. Classification des machines de la marine. Machines à gaz.

Auteurs suivis :

Mécanique et machines : Bour, Cours de l'Ecole Polytechnique. — Statique graphique : Lévy. — Dynamique hydraulique et pneumatique appliquées : Bruna. — *Manuel de l'ingénieur* de Debauve. — *Traction des voies ferrées* de Marva.

DEUXIÈME COURS.

1re *classe.* — Physique (32 leçons, 17 répétitions).

Propriétés générales de la matière. Principes d'Archimède et de Pascal. Capillarité. Loi de Mariotte. Baromètre. Machine pneumatique. Chaleur. Thermomètre et psychromètre. Coefficients de dilatation des solides. des liquides, des gaz. Fusion, Dissolution. Hygrométrie. Calorimétrie. Conductibilité. Electricité statique. Mesure des attractions et des répulsions. Electrophone, Machines électriques. Piles voltaïques. Lumière électrique. Voltamètre. Galvanomètre. Résistances. Lois de Ohm. Aimants naturels et artificiels. Magnétisme. Courants induits. Appareils de Clarke, de Nollet, de Wilde, de Ladd, de Gramme. Bobine de Ruhmkorff. Climatologie et météréologie.

2e *classe*. — Chimie (20 leçons, 6 répétitions). Lois de la combinaison des corps. Nomenclature. Corps divers. Oxygène, soufre, sélénium, tellure, azote, phosphore, arsenic, antimoine, etc., etc. Acides chlorhydrique, fluorhydrique, cianhydrique. Caractère des chlorures et des sulfates. Composés oxygénés du chlorure, du phosphore et de l'arsenic. Oxydes et hydrates métalliques. Sels. Classification. Lois de Berthollet. Notions de cristallographie.

3e *classe*. — Géologie et minéralogie (8 leçons, 4 répétitlons). Objet. Application. Terrains. Volcans. Soulèvements. Phénomènes géologiques actuels. Alluvions. Dunes. Plages. Deltas. Minéraux essentiels. Caractère et composition des roches essentielles.

4e *classe*. — Matériaux (18 leçons, 9 répétitions). Pierres. Carrières. Chaux. Fours. Ciments. Pouzzolanes. Mastic. Mortiers. Bois. Fer. Fonte de fer. Métallurgie du fer. Méthode catalane. Acier. Plomb. Zinc, Etain Cuivre. Bronzes.

Auteurs suivis :

Physique : Ganot. — Chimie : Reyès. — Chimie appliquée : Castro Diaz. — Matériaux : Vallespin. — Géologie : Debauve.

TROISIÈME ANNÉE.

Deux cours. — Quinze classes.

PREMIER COURS.

1re *classe.*—Mécanique des constructions (16 leçons.) Définitions. Déterminations des spécifiques constantes. Théorie générale de la flexion des poutres sollicitées par des forces normales à leur direction. Pièces fixées à leurs deux extrémités. Règles pratiques de Rondelet, d'Hodgkinson, de Love. Voûtes cylindriques. Méthode pour vérifier pratiquement l'équilibre d'une voûte donnée

2e *classe.* — Emploi des matériaux (10 leçons, 5 répétitions). Maçonnerie. Menuiserie et charpente. Voûtes légères. Portes et fenêtres. Cheminées. Peintures.

3e *classe.* — Constructions (8 leçons, 4 répétitions). Sondages. Pilotis. Contructions tubulaires. Pont de Kehl.

4e *classe.* — Routes (10 leçons.) Profils. Tracés. Reconnaissance d'un terrain. Ligne de partage des eaux. Thalwegs. Opérations topographiques. Profils longitudinaires et verticaux. Inclinaison et dimension des rasantes. Devis. Rédaction d'un mémoire descriptif.

3e *classe.* — Chemins de fer (13 leçons). Voitures. — Matériel. — Voies. — Points spéciaux de la voie. — Ouvrages d'art. — Passages à niveau. — Changements de voie. — Plaques tournantes. — Etablissement et entretien de la voie. — Matériel de transport. — Appareil de traction. — Freins. — Wagons. — Stations. — Signaux. — Grues hydrauliques. — Rampes, etc., etc.

6e *classe.* — Traction des voies ferrées (9 leçons, 4 répétitions). Description de la locomotive considérée comme véhicule. — Piston. — Roues. — Tender. — Manuel du mécanicien et du chauffeur. — Combustion dans les foyers. — Freins. — Changements de vapeur. — Vaporisation. — Soins à donner à la machine. — Vitesse de marche. — Double traction. — Sablier. — Machines isolées.

7e *classe.*—Hydraulique (14 leçons).—Mouvement de l'eau à sa sortie d'un récipient par des bouches pratiquées dans la paroi. — Cas divers. — Théorie des courants. Vitesse. — Détermination directe de la vitesse d'un point quelconque. — Equation du mouvement de l'eau dans les courants. — Vitesse dans les rivières. — Pression sur les parois des tubes.

8e *classe.* — Travaux hydrauliques dans les cours d'eau (12 leçons, 6 répétitions). — Navigation naturelle sur les cours d'eau. — Chemin de halage. — Opération propre à améliorer la navigation des cours d'eau. — Dragages. — Prises d'eau. — Ecluses. — Rencontre de deux canaux.

9e *classe.* — Travaux hydrauliques dans les ports de mer (10 leçons, 20 répétitions). — Marées. — Influence des vents. — Ponts. — Rades. — Mouillages. — Brise-lames. — Jetées. — Digues. — Phares. — Côtes. — Influence des alluvions dans les port ; exemple du port d'Ostende.

DEUXIÈME COURS

1re *classe.* — Coupe de pierres (24 leçons). — Murs et angles. — Voûtes. — Portes droites. — Voûtes cylindriques et coniques. — Voûtes sphériques. — Portes coniques.

2e *classe.*—Charpenterie (18 leçons).—Assemblage.— Pièces jumelles. — Exécution d'un travail de charpenterie. Couvertures. — Faîte droit, oblique. — Escaliers

3e *classe.*— Travaux en fer (11 leçons). — Considérations générales. — Classification des fers suivant leurs formes et leurs dimensions.—Comparaison du fer avec les autres métaux employés dans les constructions. — Poutres. — Colonnes. — Planchers. — Planchers soutenus par des poutres maîtresses, — Couvertures. — Escaliers. — Balcons. — Ascenseurs, etc.

4e *cours.*—Ponts. (28 leçons).—Etudes préliminaires et nécessaires pour la construction d'un pont de fer, de pierre ou de bois. — Viaducs. — Pontons. — Ponts obliques. — Système octogonal convergent. — Système hélicoïdal.—Ponts métalliques. — Ponts d'acier fondu. Système Polonceau. — Ponts suspendus. Système Vergniais.

5e *classe.*—Architecture (28 leçons).—Ordres d'architecture. — Portes et fenêtres. — Voûtes. — Portiques. —Vestibules. — Appartements. — Escaliers. — Parties accessoires d'un édifice. — Architecture arabe. — Chauffage et ventilation des édifices. — Hôpitaux et prisons. — Théâtres et églises.— Casernes d'infanterie, de cavalerie, d'artillerie.—Magasins à poudre. — Paratonnerres. — Conducteurs. — Communication avec la terre.

6e *classe.* — Conduite des eaux (4 leçons).— Notions générales d'hydrologie et d'hydrographie; qualité des eaux potables, quantités nécessaires à la consommation. —Filtrage naturel et artificiel. — Distribution des eaux aux particuliers. — Etablissement de conduits d'eau.— Ponts aqueducs.—Syphons.—Tubes.—Clefs.—Bouches d'arrosage et d'incendie. — Puits artésiens. — Sondes.

Auteurs suivis :

Coupe de pierres : Adhémar. — Charpenterie : Miquel et Pujol. — Architecture : Portuondo, Reynaud. — Manuel de ponts : Muñoz. — Paratonnerres : Moreno. — Casernes d'infanterie et de cavalerie : Commission du corps. — Magasin à poudre : Cazorla et Cerevo. — Conduite et distribution des eaux : Dupuit. — Ponts métalliques : Molinos et Pronnier. — Art de découvrir les sources : Paramelle. — Règlement des travaux du corps du Génie.

QUATRIÈME ANNÉE.

Deux cours. — Onze classes.

PREMIER COURS.

1re *classe.* — Artillerie. — Description du matériel. — Pièces de divers calibres. — Parcs. — Munitions.— Tir de l'artillerie.

2e *classe.* — Fortification de campagne. — Tranchées-abris. — Profils divers.

3e *classe.* — Fortification permanente. — Son histoire. — Systèmes espagnols anciens. — Vauban. — Systèmes employés actuellement. — Application sur le terrain. — Défense des états et organisation des places fortes. — Défense des côtes.

4ᵉ *classe.* — Attaque et défense des places. — Historique des divers systèmes.

5ᵉ *classe.* — Fortification provisoire.

DEUXIÈME COURS.

1ʳᵉ *classe.* — Art militaire. — Organisation militaire. — Historique. — Logistique. — Tactique. — Stratégie. — Reconnaissances. — Castramétation.

2ᵉ *classe.* — Ponts militaires,

3ᵉ *classe.* — Télégraphie civile et militaire,

4ᵉ *classe.* — Application des chemins de fer à la guerre.

5ᵉ *classe.* — Mines. — Mines sous-marines.

6ᵉ *classe.* — Géographie militaire. — Géographie de l'Espagne. — Bassins divers. — Chaîne des Pyrénées. — Côtes. — Géographie de la France et du Portugal. — Géographie de l'Europe.

Pendant les trois premières années d'études, les élèves de l'Académie de Guadalajara portent le titre d'*Alumno* (élève) et celui d'*Alférêz* (sous-lieutenant) pendant les deux années du cours supérieur.

Tous les jeunes gens vivent en ville comme ils l'entendent et ne sont astreints à venir à l'école qu'aux heures des cours.

L'uniforme est celui des officiers du génie, semblable au nôtre, sauf que la cuirasse et le *pot* de nos ingénieurs sont remplacés sur le bouton des vêtements et au collet par un château crênelé (castillo) frappé ou brodé.

Nous parlerons ici du *Museo de Ingénieros* (Musée des Ingénieurs), bien que cet établissement soit situé, non pas à Guadalajara mais à Madrid.

Cet édifice s'élève derrière le Buen-Retiro, dans une rue déserte dite de la reine Mercedès, dont la solitude évoque assez bien le triste souvenir de la jeune et sympathique princesse.

Le Museo de Ingenieros est ouvert au public deux ou trois fois par semaine. C'est un grand bâtiment sans architecture bien définie, qui fut jadis la résidence du père de Don François d'Assise et dont la valeur ne consiste guère que dans son étendue.

Il faudrait plusieurs jours pour visiter en détail le Museo.

Le première salle est réservée à la collection des bois multiples que la Péninsule tire de ses colonies, entr'autres des Philippines. On passe de la première salle dans une longue galerie où sont exposées les réductions des constructions les plus remarquables exécutées par le génie espagnol, tant dans la Péninsule que dans ses colonies. Ces réductions très finement faites sortent presque toutes des ateliers de Guadalajara. A côté de ces modèles, viennent d'autres travaux délicats représentant à des échelles plus ou moins grandes, diverses constructions à différents points de vue remarquables, par exemple la charpente du grand gymnase de Saint-Pétersbourg; puis viennent plusieurs projets d'édifices destinés à Manille, dans lesquels on a essayé de conjurer le danger des tremblements de terre et des phénomènes sismiques fréquents dans ces parages. Une réduction du pont de Grenelle, à Paris, vu dans les diverses phases de la construction, l'aqueduc de Ségovie, un tablier de pont en cordes tressées employé en 1810 par les Anglais pour l'utilisation d'un ouvrage d'art rompu par les Français sont particulièrement curieux.

La salle de fortification n'est pas la plus complète : en dehors des systèmes de quelques ingénieurs espagnols inconnus, on y voit peu de choses : l'architectonique des anciens n'y est pas représentée.

C'est dans une galerie contiguë, que se trouve la curieuse collection de Montalembert.

Ce général de cavalerie, que la postérité opposera à Vauban comme ingénieur, avait inventé, ainsi qu'on ne l'ignore pas, tout un système de fortifications les unes bizarres, les autres ingénieuses, d'une valeur réelle, et auxquelles en somme, on revient aujourd'hui.

Au cours de ses nombreux voyages, Montalembert avait visité la Suède, et avait été frappé du mode suivant lequel les ingénieurs de ce pays utilisaient l'escarpe de leurs forteresses maritimes, la perçant comme les flancs d'un vaisseau, de nombreux créneaux et se servant ainsi pour les feux d'artillerie d'une partie de la fortification laissée par Vauban complètement inerte. Ce fut là le point de départ du système de Montalembert. Vauban n'avait songé dans l'établissement de son tracé qu'à la conduite méthodique des sièges classiques dans laquelle il était passé maître : Montalembert tendit à rendre la lutte de près impossible en infligeant à l'ennemi alors qu'il serait encore éloigné, des pertes considérables. Il voulait écraser l'assaillant sous une grêle de projectiles d'artillerie, et comme l'ancien parapet ne pouvait contenir qu'un nombre de pièces insuffisant pour ce résultat, il empilait ses canons les uns par dessus les autres formant ainsi un nombre souvent excessif, il faut le reconnaître — d'étages de feu.

Dans ses types du Fort-Royal et du front de Cherbourg, il établissait son tracé sur le côté extérieur même du polygone à fortifier, donnait au front une longueur beaucoup plus considérable que celle adoptée par les ingénieurs de la vieille école et supprimait le flanquement ancien en créant la caponnière spéciale qui est un des éléments distincts de son système.

Les Allemands, gens à l'imagination plus rapace qu'étendue, incomparables d'ailleurs dans l'art de s'approprier le bien d'autrui, saisirent avec cètte habileté particulière qu'ils possèdent pour toute espèce de larcin, les idées de Montalembert. Ils assemblèrent tant bien que mal les inventions diverses de notre grand homme et, sans hésitation, bien que toute cette ravauderie fut encore cousue de mauvais fil blanc, la décorèrent du nom de système national allemand.

Les guerres de la Révolution et de l'Empire ne laissèrent pas à nos voisins le temps d'appliquer sur l'heure le nouveau tracé, mais à partir de 1815, il ne se fortifia plus une seule enceinte de l'autre côté du Rhin qui ne fut construite d'après les idées de Montalembert. Ainsi furent créées les places de Cologne et de Posen, celles d'Ingoldstadt, d'Ulm, de Kônisberg et bien d'autres que nous n'avons pas le loisir de citer ici.

Aujourd'hui qu'éclairés sur l'insuffisance actuelle des fronts de Vauban et de Cormontaigne nous revenons à notre bien, à l'heure où faisant leur *meâ culpâ* nos ingénieurs reprennent la voie tracée par Montalembert, les Allemands ne seraient pas éloignés de prétendre que nous copions leur prétendu système national.

Singulière outrecuidance!

Quoiqu'il en soit, il est pénible pour un Français d'avouer que l'inventeur du tracé polygonal, semblable hélas! en cela à la plupart des grands esprits en avance sur leurs contemporains, demeura méconnu, raillé, écarté pendant sa vie.

En butte à l'envie des ingénieurs de son époque, qui n'admettaient pas plus de concurrence alors qu'aujourd'hui, Montalembert fut impuissant à faire prévaloir ses idées. Il mourut pauvre en 1800, et son cabinet passa en 1803 à l'Espagne qui l'acquit de sa veuve pour une somme modique. Il est regrettable que cet héritage se trouve à l'étranger.

Après la salle Montalembert, vient la galerie des plans en reliefs à grande échelle. Il faut citer celui de Saint-Sébastien et de ses environs, celui de Cadiz, l'itinéraire suivi au Maroc par l'armée espagnole dans la campagne de Tétuan, le relief des environs de Bailen, celui du fort de Charenton (ancien), un autre représentant l'un des forts de Coblentz (ancien), celui de la rampe d'Orduña sur la voie ferrée de Miranda à Bilbao.

C'est au-dessous du musée que se trouve l'imprimerie de la direction du génie, dans laquelle avec une installation modeste, le capitaine don Fernandez Bravo, le conservateur et secrétaire, est arrivé à imprimer des livres d'une exécution artistique remarquable.

Il nous faut revenir maintenant à Guadalajara où, en dehors des établissements du génie, nous avons encore à voir le collège des orphelins de la guerre installé récemment dans le palais des ducs de l'Infantado.

Il faut être aussi riche qu'est l'Espagne en merveilles architecturales de tout genre, pour se permettre de livrer à une bande de gamins insouciants, ces appartements où l'art moresque et gothique du XVIe siècle a prodigué ses plus fines arabesques, ses plus capricieuses ogives. La façade, d'un grand effet, mais d'un gothique un peu prétentieux peut-être, lourde à coup sûr, est à notre avis le morceau le moins remarquable de ce bel édifice. Un immense écusson aux armes des Mendoza, tient au-dessus de la porte, la hauteur d'un étage, et écrase l'entrée; des fenêtres à la manière arabe découpent sans grâce cette vaste muraille carrée.

Le Patio, cour intérieure que l'on rencontre après le portail et d'où l'on prend accès dans les divers corps de logis du palais, est tracé au rez-de-chaussée et au premier étage par deux colonnades superposées d'un très riche effet. Entre les colonnes du rez-de-chaussées, les arcs supérieurs ne sont point en ogive, pas davantage en plein-cintre. Une accolade, un large accent circonflexe pose, sans légèreté, ses deux pieds massifs sur les chapiteaux doriques et soutient lourdement de sa pointe supérieure la dentelle de pierre qui borde la galerie de l'étage supérieur. Dans les tympans des arcs, apparaissent accolés des animaux étranges, lions ou griffons sans ailes, à tête de bélier, se battant les flancs de leur large queue, et ouvrant une gueule démesurée. Au dessus des chapiteaux, de larges écussons étalent sur leurs émaux une grande aigle éployée.

La colonnade qui s'élève à la galerie supérieure, formée de futs torses à chapiteaux octogones, soutient un entablement du plus pur attique sur lequel l'œil fatigué des profusions diffuses du balcon, des arcs et des tympans, se repose avec plaisir. Et cependant, malgré la lourdeur de tous ces détails, malgré les réparations maladroites qui sont venus souligner les défauts de l'œuvre primitive, il faut reconnaître que l'aspect général de ce patio est grandiose.

L'intérieur du palais est encore plus digne d'intérêt.

Là, ce sont les plafonds surtout qu'il faut admirer. Il n'en est pas deux qui se ressemblent. Tous à caissons finement ouvragés, disparaissant sous des peintures dont la plupart subissent malheureusement l'action du temps, ils présentent les plus délicats modèles de l'art décoratif arabe au XVe siècle. Il y aurait une année à passer pour recueillir les milles caprices des artistes inconnus qui exercèrent, sur ces riches lambris leur fantaisie tantôt audacieuse, tantôt délicate, toujours originale. Partout les armes d'Infantado écartelées avec le croissant des Luna.

La salle des *Linajes*, ainsi nommée des nombreux écussons qui la décorent, occupe, au premier étage, le corps de bâtiment opposé au grand portail d'entrée. Elle prend vue d'un côté sur le Patio et vers l'extérieur dans une galerie à ciel ouvert donnant sur la campagne. Il existe sur ce salon des *Linajes* bien des histoires, mais j'ai retenu spécialement celle-ci qui touche de plus plus près un Français:

En 1808 — le fameux *año ocho*. — Guadalajara était occupé par les troupes françaises de l'armée de

Murat et le général commandant la place s'était installé au palais de l'Infantado.

Il est difficile qu'un Français séjourne, fût-ce dans le plus triste endroit du monde, sans songer à s'y divertir.

Là, tout invitait au plaisir.

Nos officiers, forts inconscients du grand crime de lèse-nation que Napoléon les envoyait commettre en Espagne, ne songeaient pas encore à voir des ennemis dans les Espagnols ni à plus forte raison dans les Espagnoles; un bal fut donc mis en train, on lança des invitations et un beau soir de je ne sais quel jour de la fin de mars 1808, l'élite de la société guadalajarénienne se pressait au son des guitares dans les appartements des ducs de l'Infantado.

La salle des Linajes, dont les vastes proportions, et en particulier la galerie donnant sur la campagne faisaient le plus agréable des salons, vit affluer dans son enceinte un nombre exagéré de danseurs. Une contredanse animait les groupes et les lançait gaîment l'un contre l'autre, quand soudain l'éclair de plusieurs coups de feu illumina l'obscurité à quelques pas du balcon, un bruit strident de fusillade déchira les oreilles, et danseuses et cavaliers roulèrent sur le sol avec des cris de douleur qui tiraient des circonstances une horreur plus poignante.

Un couvent de capucins dont le mur s'élevait à portée de fusil était l'abri derrière lequel les meurtriers avaient perpétré leur crime : on rasa sur le champ les bâtiments, mais c'est en vain que les plus minutieuses recherches furent tentées pour arrêter les coupables. On y perdit son temps.

Avec la galerie des Linajes les pièces les plus remarquables sont la salle des Victoires et celle des Sauvages. Les deux petits salons qui encadrent à droite et à gauche la salle des Victoires sont décorés, aux parois, de peintures allégoriques dans la manière à laquelle Boucher devait plus tard, en France, attacher son nom. Les médaillons des plafonds représentent des scènes de l'histoire romaine dans lesquelles nous reconnaissons, ce nous semble, Horatius Coclès au pont Sublicius, Mucius Scœvola la main sur un brasier. Puis des allégories de la mythologie païenne : le Temps, en vieillard à barbe blanche, appuyé sur sa faux ; Jupiter et Junon, l'un avec son aigle, la seconde ayant à ses pieds son paon. Il est navrant de penser que des gamins de dix ans s'amusent à lancer des boulettes de papier mâché ou essuyent leurs doigts maculés d'encre sur de telles beautés.

Dans tous ces appartements, la muraille, du sol à hauteur d'appui, est tapissée de carreaux en faïence grand feu dont les teintes bleues ont une étonnante fraîcheur. La céramique moderne est, paraît-il, impuissante à reproduire ces tons vigoureux et, à Guadalajara, la comparaison est facile. En de nombreux endroits, de récents travaux de restauration ont placé à côté des faïences anciennes, un certain nombre de ces *azulejos* modernes, commandés avec soin dans les fabriques actuelles les plus réputées. Cependant, l'œil le moins exercé ne saurait s'y tromper et l'on est forcé d'avouer, que dans ces reproductions, l'avantage ne demeure point aux modernes. Dans toutes ces copies le contour est plus net, le trait plus sûr, mais le coloris est terne, les tons sont opaques, les vernis sans éclat ;

rien de ces chatoiements brillants, de cette limpidité transparente du modèle.

L'école des *Orphelins de la guerre* qu'il ne faut pas confondre avec le collège des Orphelins d'infanterie établi à Tolède, a été récemment créée pour recueillir les enfants de 9 à 15 ans dont le père ou la mère a succombé au service de l'Etat dans la dernière guerre carliste de 1872 à 1876. Il y a là actuellement environ 150 enfants.

L'école est dirigée par un colonel ayant sous ses ordres un commandant sous-directeur des études, deux capitaines, un certain nombre d'adjoints civils dont des ecclésiastiques.

Un peu de latin, un peu d'histoire et de géographie, beaucoup de mathématiques, tel est le programme suivi dans cet établissement.

Dans une salle de travail où nous pénétrons, cinq enfants d'environ 10 à 12 ans sont au tableau, seuls, sans surveillant; ils répètent leur leçon du matin. Deux d'entre eux nous donnent successivement, avec aplomb et très exactement plusieurs théorèmes des premier et deuxième livres de géométrie, le volume d'une sphère, la section d'un cône par un plan horizontal ou par un plan oblique.

Dans une autre classe à laquelle nous assistons ensuite, les résultats paraissent un peu moins satisfaisants. Nous entendons cependant de bonnes réponses en géographie : un enfant de 9 ans nous donne à l'instant, après un examen de la sphère terrestre, la différence de méridien entre Paris et Pékin, et en déduit sur le champ la différence d'heure.

Tous ces bambins ont l'air gai, intelligent et vif. Ils se

lèvent à six heures et vont, le soir, au lit à neuf. Le costume dans l'intérieur de l'école consiste en une veste, une toque et un pantalon gris. La tenue du dimanche a été copiée sur celle du collège de Marie-Thérèse en Autriche, première école dans laquelle ait étudié Alphonse XII. C'est un schako bas, une petite veste bleu de roi à parements rouges et à boutons dorés, un pantalon de la couleur de la veste.

L'entretien de ces enfants coûte par jour environ deux francs cinquante centimes à l'Etat, dont un franc vingt-cinq environ pour la nourriture. Leur ordinaire est divisé en trois repas : le matin, chocolat et *Migas*, sortes de croutons frits fort appréciés des enfants espagnols ; à midi, le dîner avec la soupe — le *cocido* national — un plat de viande, un autre de légumes, un fruit ou un autre dessert ; à sept heures, le soir, le souper qui se compose de viande avec légumes, et d'un dessert.

Les dortoirs méritent une attention particulière. Les lits, spécialement, larges de près d'un mètre, garnis d'une paillasse, d'un matelas épais et de couvertures d'une confection soignée, sont certainement supérieurs à tout ce qui existe en France dans nos écoles militaires. Dans une pièce précédant les dortoirs sont des commodes à cinq tiroirs où les enfants rangent leurs effets à raison d'une commode pour 5 élèves. De grands lavabos attenant aux chambres donnent à quelque heure que ce soit, une eau abondante : le tout est propre, commode, confortablement et intelligemment installé. Tout en haut, sont les salles de discipline, salles de police et de prison, petits galetas peu agréables ; mais les punitions sont si rares à l'école des orphelins, que ces cellules ne servent pour ainsi dire jamais.

A voir la façon dont ces enfants entourent leurs officiers, rient et jouent avec eux, on reconnaît vite que le système d'éducation employé à Guadalajara est tout paternel ; il est difficile de prédire encore d'une façon certaine quels résultats donnera pour l'avenir cette création née d'hier : il est permis de supposer cependant que l'Espagne aura là une pépinière sérieuse pour le recrutement de ses Académies militaires.

CHAPITRE VII.

Ségovie. — L'académie d'artillerie. — Le matériel d'artillerie. Bouches à feu actuellement en usage en Espagne.

Ségovie est une vieille ville, jadis considérable, bien déchue aujourd'hui de sa splendeur primitive, mais que rendra toujours intéressante à visiter son remarquable aqueduc romain.

Au point de vue militaire, Ségovie attire particulièrement notre attention comme siège de l'école destinée au recrutement des officiers de l'artillerie espagnole.

L'Académie de Ségovie est placée sous les ordres de:

1 Brigadier, directeur;
1 Colonel, sous-directeur, chargé des études;
1 Lieutenant-colonel, major;
1 Commandant, premier professeur;
13 Professeurs du grade de commandant ou de capitaine;
1 Capitaine adjudant-major, instructeur militaire;
3 Lieutenants, professeurs-adjoints;
2 Médecins;
1 Aumônier;
1 Professeur d'équitation;

Plus, un certain nombre de professeurs non militaires.

L'entrée à l'école a lieu comme dans toutes les autres académies militaires du royaume, de 14 à 20 ans pour les fils des militaire, de 15 à 20 ans pour les autres.

L'examen a lieu devant un jury formé du général directeur et de 4 professeurs ; il consiste dans les deux épreuves suivantes :

Première épreuve : Grammaire espagnole. Géographie. Histoire d'Espagne. Éléments d'histoire universelle. Thème français.

Seconde épreuve : Arithmétique. Algèbre élémentaire. Géométrie plane (cours de Cirodde).

Dans l'école même, les années d'étude sont au nombre de 5, dont une préparatoire. Les matières enseignées dans cette période de cinq années, embrassent : l'algèbre supérieure, la géométrie de l'espace, la trigonométrie rectiligne, la trigonométrie sphérique, la géométrie analytique, le calcul différentiel et intégral, avec ses applications, la géométrie descriptive, des éléments d'estéréotomie, la mécanique rationnelle, des éléments d'astronomie et de géodésie, la topographie, la physique et quelques principes de thermo-dynamique, la mécanique appliquée à la résistance des matériaux, des éléments de minéralogie et de géologie, la mécanique appliquée à l'artillerie, l'industrie militaire dans toutes ses branches, la fortification de campagne et la fortification permanente, l'art et l'histoire militaires, les mines, les ponts militaires, les services militaires généraux. En outre de ces différentes classes, les élèves assistent à de scours de dessin, d'anglais et de français, à des conférences sur la géographie, sur l'histoire des campagnes, sur l'administration et la jurisprudence militaires, sur les ordonnances générales de l'armée et spécialement sur celles de l'artillerie, sur les règlements tactiques de leur arme, enfin ils assistent à certaines séances de gymnastique, d'escrime et d'équitation.

Comme dans toutes les écoles militaires d'Espagne, c'est la pensée du devoir qu'on inculque sans cesse aux élèves de l'Académie d'artillerie, bien plus que la crainte des punitions. Ces dernières sont de quatre classes différentes.

Le premier degré comprend : la réprimande en particulier et les arrêts chez soi, de un à trois jours ; le second degré comporte la réprimande en public devant les autres élèves, la résolution d'un problème en sus du travail ordinaire — vulgairement, un *pensum* —, les arrêts dans les salles de correction de l'école de un à trois jours. Dans le troisième degré sont compris : les arrêts dans les salles de correction avec épée, au dessus de trois jours ; les arrêts sans épée de un à huit jours, la réprimande publique. Enfin, le quatrième degré comprend la privation de permission pendant toute l'année, l'expulsion privée, l'expulsion publique.

Les punitions des trois premiers degrés sont infligées par tous les officiers de l'école, celle du quatrième degré par le général commandant l'école seul.

Pendant les deux premières années d'études, — non compris le cours préparatoire, — les jeunes gens de l'école de Ségovie sont appelés *élèves*, *alumnos*, et *alférérès*, sous-lieutenants, pendant la troisième et la quatrième année ; ils portent alors un galon au shako. Les uns et les autres vêtissent la tenue de l'artillerie sans galon de grade.

Nous placerons ici quelques détails sur le matériel des bouches à feu dont dispose actuellement l'armée espagnole. Jusqu'à aujourd'hui, les pièces en usage de l'autre côté des Pyrénées ont été en grande partie tirées de l'étranger, et, bien que l'on fasse actuellement beaucoup de bruit autour de la bouche à feu construite par le capitaine Sotomayor à Trubia, avec un acier de provenance espagnole, il n'est pas probable que le gouvernement puisse modifier du jour au lendemain le matériel, très suffisant d'ailleurs, qui remplit ses arsenaux. Nous parlerons donc de ce dernier avec quelque détail.

L'ensemble des bouches à feu d'artillerie, en ce moment en usage dans la Péninsule, comprenait au 1er juillet 1881 :

Pièces rayées.

Canons de fer de 24 et de 15 centimètres [1].
Canons de bronze de 14, 10, 9 et 8 centimètres.
Canons d'acier de 15, 9 et 8 centimètres.

Il existe encore deux autres pièces de 8 en bronze, l'une en métal ordinaire, l'autre en bronze comprimé.

Dans ces canons, les fermetures sont de deux espèces : à coins ou à vis, et, dans chaque espèce, de deux sortes; le système à coin est cylindro-prismatique dans la pièce d'acier, et prismatique dans la pièce de bronze comprimé. Le système de fermeture à vis se distingue surtout par l'obturateur, qui consiste, pour certaines pièces, dans l'anneau Broadwell, et, pour d'autres, en

1. Depuis l'ordre royal du 26 septembre 1859, le calibre des pièces d'artillerie est toujours exprimé en centimètres.

un obturateur intimement lié au système de fermeture. Le système d'inflammation est également variable.

Le *canon de fer de 24 centimètres*, déclaré réglementaire par ordre royal du 25 mars 1868, a éprouvé depuis cette époque diverses transformations. Primitivement rayé en vue d'un obus à ailettes, il fut une première fois remanié pour tirer un projectile à enveloppe de plomb, et finalement, il a subi encore récemment l'importante modification qu'on va voir.

La pièce de 24 actuelle se compose : 1° d'une culasse cylindrique de 72 centimètres de diamètre, fortifiée par une double ceinture de 17 frettes superposées. Le premier rang de ces frettes, rang extérieur, en contient 9 de 6 millim. 5 de largeur, le second rang, 8 de 70 millimètres; 2° d'une volée formée de 2 troncs de cône ayant 57 centimètres de diamètre à leur jonction et 2 m. 696 de longueur totale.

L'âme compto compte 56 rayures d'une profondeur de 15 dixièmes de millimètre et de 13 millim. 933 de largeur; les pleins ont 7 millimètres. La vis de fermeture porte 3 secteurs filetés (10 filets) et 3 secteurs lisses, un vide postérieur destiné à alléger son poids, un obturateur d'acier.

L'*obusier en bronze*, de 21 centimètres, se compose d'une culasse cylindrique et d'une volée tronc-conique. L'âme, renforcée au tonnerre par un tube d'acier de 32 centimètres de long, porte 30 rayures progressives de 2,6 millimètres de profondeur, ayant 18 millimètres de largeur à la culasse et 15 seulement à la bouche. Le pas de l'hélice est de 5 m. 350.

Le système de fermeture comprend une vis avec obturateur en acier reposant sur une rondelle de cuivre.

Poids de la pièce. . . . . 2,900 kilogr.
Poids de l'obus vide . . . . . . 76.80.
Poids de la charge explosive. . 6.700.

La charge de projection varie entre 1 et 6 kilogrammes de poudre de Murcie de 10 à 15 millimètres. Avec une charge de 1 à 4 kil. 50, sous 40 degrés d'élévation, la portée atteint 4,156 mètres; avec 4 kil. 500 à 6 kilogrammes et 20 degrés d'élévation, la portée se maintient entre 2,844 et 3,758 mètres, enfin, avec 6 kilogrammes et 40 degrés d'élévation, la portée est de 5,400 mètres, la vitesse initiale de 266.

Le *canon de fer de 15 centimètres* présente, comme point particulier, sa culasse, fortifiée de 7 frettes d'acier puddlé. La première frette, en arrière, a 248 millimètres de largeur; la dernière, vers la bouche, 244. Les 4 premières frettes ont 7 cent. 5 d'épaisseur, les 2 suivantes mesurent 70 millimètres, la dernière n'a que 4 centimètres.

L'âme du canon porte 36 rayures de 9 millimètres de largeur, de 1 millim. 6 de profondeur, au pas de 7 m. 65, soit 51 calibres; 36 pleins de 4 millimètres de largeur.

L'obturateur est l'anneau de cuivre Broadwell; la fermeture porte 3 secteurs filetés (10 filets) et 3 secteurs lisses.

Au tir d'épreuve, on fit feu 652 fois avec la même pièce sans qu'elle témoignât aucune fatigue.

Poids du canon . . . . 4,500 kilogr.
Poids de l'obus . . . . 28.300.
Charge (poudre prismatique) . 7.

Pression dans le tonnerre par
par centimètre carré . . . . 1,800 kilogr.
Vitesse initiale . . . . 475 mètres.

Sous l'angle de 13° 34', la portée atteint 5,000 mètres.

Canon d'acier de 15. — Ces pièces ont été achetées, en 1875, à M. Krupp, pour le train de siège.

La culasse est frettée, la partie centrale du canon est formée par deux figures de révolution, la première longue de 150 millimètres, la seconde de 152; la volée a la forme d'un tronc de cône.

L'âme porte 36 rayures de 9,7 millim. 5 de largeur, profondes de 1 millim. 70, au pas de 7 m. 064, soit 51 calibres; 36 pleins de 3 millim. 5.

Le coin de fermeture est cylindrique, long de 0 m. 467 sur 0 m. 204 de diamètre, avec une partie prismatique de 0 m. 490 sur 0 m. 194; anneau obturateur Broadwel.

Poids de la pièce	3,070 kilogr.
Poids de l'obus avec anneau de cuivre.	28.4.
Poids de la charge de projection (poudre prismatique). .	6.200.
Poids de la charge explosive.	1.750.
Vitesse initiale	473 mètres.
Pression au tonnerre.	2, 080 atmosphères.

Canon en acier de 9. — Adopté, en 1875, comme pièce de position devant remplacer la précédente.

Ce canon porte 24 rayures de 1 millim. 25 de profondeur, larges de 8 millim. 4, au pas de 3 m. 915, soit 45 calibres; l'inclinaison des rayures est de 3° 59' 10". Le coin est en acier, cylindro-prismatique; l'anneau d'obturation, en acier aussi, porte deux canaux circulaires à sa base.

Le poids du canon, avec son coin, n'est pas inférieur à 487 kilogrammes; le poids de l'obus ordinaire est de 6 kil. 340, avec une charge d'explosion de 0 kil. 240. La charge de projection, de 1 kil. 400, donne une vitesse initiale de 473 mètres, et, sous l'angle de 22° 75', une portée de 5 kilom. 400.

Le *canon de 9 en bronze comprimé* est encore une pièce de position. La fermeture est à coin prismatique, avec anneau obturateur, en cuivre rayé de deux gorges circulaires, l'une à la base, l'autre sur la surface latérale extérieure.

Poids de la pièce.	516 kilogr.
Poids de l'obus	6.350.
Charge de projection	1.400.
Vitesse initiale.	450 mètres.

La pression par centimètre carré varie entre 1,564 et 1,805 kilogrammes, et, aux épreuves d'essai, on tira avec cette pièce jusqu'à 1,000 coups sans qu'elle variât.

Canon de 8 en bronze. — Nous avons dit déjà qu'il existait deux types de ce modèle, l'un en bronze ordinaire, l'autre en bronze comprimé. Le premier ne se construit plus guère, et comme il est d'ailleurs identique au canon d'acier du même calibre, nous n'en parlerons pas.

Le *canon de bronze comprimé* est une pièce de campagne. Il compte 24 rayures de 7 millim. 47 de largeur et de 1 millim. 25 de profondeur, au pas variant successivement de 60 à 30 calibres. Le coin, en acier, semblable à celui du canon de 9 en bronze ordinaire est prismatique; l'anneau d'obturation et l'obturateur sont en cuivre.

La pièce pèse	358 kilogr.
L'obus chargé.	4.689.
La charge.	1.250.

La vitesse initiale est de 490 mètres et la pression intérieure, de 2,000 atmosphères.

Canon d'acier de 8. — Cette pièce constitue l'artillerie de campagne de l'armée espagnole; elle a été adoptée par décrets royaux des 8 et 15 août 1868.

L'extérieur de la pièce contient la culasse prismatique rectangulaire et la volée tronc-conique sans aucune moulure.

L'âme porte 12 rayures progressives, profondes de 1 millim. 217, larges de 17 millim. 79 à la culasse, et de 13 mill. 99 à la bouche. Le système de fermeture consiste en un coin trapézoïdal, prismatique dans la partie antérieure (vers la bouche de la pièce) et cylindrique à l'arrière.

La charge de projection est de 0 kil. 550 de poudre de 2 millim. 5 pour l'obus ordinaire, de 0 kil. 500 pour le tir à mitraille et l'obus à balles. On obtient avec la première une vitesse initiale de 350 mètres à 35 mètres de la bouche, et, sous un angle de 18° 58', une portée de 4,000 mètres ; — la pression produite dans la chambre, mesurée avec l'appareil Rodmann est de 1,040 kilogrammes par centimètre carré.

Dans les épreuves auxquelles fut soumis ce canon, en 1868, on tira, avec la même pièce, 1,412 coups, sans que l'on eût à constater la plus légère détérioration.

Poids de la pièce.	296	kilogr.
Poids de l'affût, avec la pièce et ses accessoires	713	—
Poids d'un caisson chargé. . . .	544	—
Poids d'une voiture de section de munitions chargée	823	—
Poids de la forge.	754	—

Canon de 8 en acier, dit (*reformado*). — C'est la même pièce que la précédente, mais munie de 5 frettes destinées à augmenter sa résistance; une autre différence est que les 12 rayures sont de largeur constante. Le poids atteint 335 kilogrammes. Avec une charge de 1 kil. 050 de poudre prismatique de Murcie, l'on parvient à une vitesse initiale de 455 mètres.

Le canon de 8, connu en Espagne sous le nom de canon Plasencia, est identique à la pièce construite par M. Krupp à Essen, mais n'a qu'une longueur beaucoup moindre. C'est la pièce de montagne espagnole; elle pèse seulement 102 kilogrammes. La charge du projectile est de 0 kil. 400, et la vitesse initiale de 280 mètres.

Le tableau suivant présente et groupe les principales dimensions intéressantes à connaître dans les différentes pièces de l'artillerie espagnole se chargeant par la culasse :

PRINCIPALES DIMENSIONS EXPRIMÉES EN MILLIMÈTRES

CALIBRES EN CENTIMÈTRES ET MÉTAL DE LA PIÈCE	FER 23	BRONZE 21	FER 15	ACIER 15	BRONZE 14	BRONZE 10	ACIER 9	BRONZE 9	BRONZE 8	ACIER Largé. 8	ACIER Réformado 8	ACIER Corte. 8
Diamètre :												
De l'âme (calibre)	240	209.2	149.1	149.1	140	100	87	87	73.5	78.5	78.5	78.5
De l'âme au fond des rayures	243	214 4	152.3	152.5	143.2	103	89 5	89.5	81	81	81	81
De la chambre à poudre	260	217.1	155.3	154.3	145	105	98	98	91.4	82.65	82.65	82.6
Du logement du projectile	241.5	»	150.1	»	»	»	91	91	79.2	»	79.5	»
Maximum du premier corps (ou culasse)	990	549	597	570	448	289	290	246	232	219.7	248	200
Minimum id.	748	549	511	470	383.2	272	250	246	232	211.9	202	182
Maximum du second corps (ou partie centrale)	748	549	449	450	355 4	244	250	246	232	172.7	160	163
Minimum id.	440	340	300	390	344.5	231	210	220	158	143.8	122	122
Maximum de la volée	»	»	»	350	316.5	223	175	220	158	»	»	»
A la tranche de la bouche	440	340	300	240	323	208	150	167.5	135	143.8	143.85	122
Des tourillons	240	197	150	150	133	103	96	96	85	102	85	68
De l'embase des tourillons	»	222	200	200	»	»	125	125	110	126	120	81
Longueur :												
De la chambre à poudre (partie cylindrique)	826	550	522	590	427.1	257	210	210	182	214 5	217.5	190
Id. (partie tronc conique)	90	69.3	52	72	52.5	52	50	45	93	52.3	50	40
Du logement du projectile (partie cylindrique	280	»	127	»	»	»	90	100	72	»	62.5	»
Id. (partie tronc-conique)	10	»	10	»	»	»	50	50	7	»	30	»
De la partie rayée	3794	1161	2398	2531	2314	1500	1610	1625	1579	1462	1461	610
Totale de l'âme	4710	1780	3456	3193	3793	1809	1870	1880	1854	1729	1729	840
Totale de la pièce	5040	2040	3685.8	3600	2974.7	2069	2100	2060	2024	1935	1935.4	1011
De la culasse au premier corps	2344	789	1742.6	1515	834	344	490	512	355	260.2	887.6	100
Du second corps	2696	1251	1943.2	302	497	640	660	464	476	1675	1047.8	840
De la volée	»	»	»	1760	1589	1085	950	1024	903	»	»	»
Des tourillons	»	92	150	[illegible]	133	103	55	73	45	75	45	60
Distance :												
Entre les points de mire	»	»	2611	1300	1620	901	970	1041	1007	923	800	930
De l'axe des tourillons au plan de culasse	1679	814	1373.4	1361	1304	839	848	840	800	896	722	490
Verticale du point de mire à l'axe de la pièce	»	»	187	280	125	155	125	118	122	140	»	82
Horizontale id.	»	»	250	255	193	112.5	90	94	87	75.8	67.5	65
Entre les embases de tourillons	»	560	597	590	»	278	260	260	223	218	223	189
Hauteur du pied du guidon au-dessus de l'axe	»	»	125	»	90	111.5	90	77	65	91.54	97.5	57

Pièces lisses.

Il serait peu intéressant de donner la nomenclature des pièces lisses encore en service de l'autre côté des Pyrénées. Leur nombre est considérable, mais tout cela n'a pas, au point de vue militaire, une valeur bien redoutable. Nous nous contenterons ici de les énumérer rapidement.

Le canon en fer de 20 centimètres, long et court.

Les canons en bronze, anciens, de 15, 13, 12 et 10 centimètres, longs et courts.

Les canons en bronze, modernes, des mêmes calibres.

Les obusiers en fer de 27, 21 et 16 centimètres.

Les mortiers coniques de 32, 27, 16 et (aux Philippines) de 24 et de 15 centimètres.

L'artillerie de la marine emploie, à bord des bâtiments, des canons lisses, en fonte, de 28, 22, 20, 17 et 16 centimètres, des canons anglais système Woolwich, rayés, de 10, 9 et 8 pouces, des canons Parrott de 100 livres, des canons en fonte tubés et rayés, système Palliser, de 22, 18 et 16 centimètres, des canons en fonte de 16 centimètres, courts, rayés, enfin quelques-unes des pièces de bronze en usage dans l'artillerie de terre.

En sus des pièces que nous venons de citer, l'Espagne a adopté, à la date du 24 septembre 1879, les canons rayés du système Gonzalès Hontoria, qui, avec les pièces de 20, 18, 16, 12, 9 et 7 centimètres, constituent un système complet d'artillerie.

Voici les principales dimensions des canons Hontoria, dont plusieurs ont été fondus cette année même au Creuzot; ces pièces représentent sans doute l'artillerie de l'avenir de la marine espagnole.

CANONS HONTORIA

DIMENSIONS PRINCIPALES EXPRIMÉES EN MILLIMÈTRES OU EN KILOGRAMMES

CALIBRES EN CENTIMÈTRES.	20	18	16	12	9	7
Longueur totale du canon	5275	4747	4220	3165	2375	1130
— — de l'âme	5000	4500	4000	3000	2250	1050
— — de la chambre à poudre	950	853	760	570	425	130
— — de la partie rayée	3985	3587	3190	2395	1800	895
Diamètre de l'âme	200	180	160	120	90	70
Diamètre de la chambre à poudre	210	189	168	126	95	75
Nombre des rayures	46	42	38	30	22	18
Profondeur des rayures	1.75	1.5	1.5	1 25	1.25	1.25
Largeur des pleins	4	3 5	3.5	3	3	3
Pas initial des rayures	20000	18000	16000	12000	9000	7000
Pas final des rayures	8000	7200	6400	4800	3600	2800
Poids du canon en kilogrammes	11000	8000	5700	1420	600	100
— de l'obus à balles	83	61 53	42.5	»	»	»
— de l'obus ordinaire	74	54.6	37.96	1640	7	3 28
— des segments annulaires	»	»	»	»	7 66	3.62
Charge de poudre en kilogrammes	28	20.4	14 4	6	2 55	0.50

Il existe outre ces pièces dites *nouvelles*, 3 pièces Hontoria transformées qui sont les anciens canons lisses de 16 à 18 centimètres et les canons Barrios de 22.

CHAPITRE VIII

Tolède et ses légendes. — Les Baños de la Cava. — La Porte de Visagra. — La légende du Christ à la lumière. — La manufacture d'armes. — San Juan de los Reyes nuevos.

Aucune description ne peut donner l'idée de l'imposant spectacle que présente la ville de Tolède à qui la contemple du pont d'Al-Cantara.

Au faîte d'un capricieux rocher de soixante mètres d'altitude, étreinte par le Tage qui ronge sur trois côtés son piédestal de granit, ceinte de murailles imposantes encore malgré les années, Tolède, la cité impériale, évoque bien au premier aspect le souvenir de ses grandeurs évanouies, de son passé mystérieux.

Une fois dans la ville, il semble que l'enchantement tende à disparaître.

Quand pénétrant dans les eaux bleues du Bosphore, le voyageur surpris aperçoit pour la première fois Constantinople, la grandeur du spectacle, l'attrait irrésistible de ce panorama grandiose le plonge dans une véritable extase. Il contemple stupéfait, charmé, séduit, cette forêt moresque, la ville des Sultans étincelant aux feux d'un chaud soleil d'Asie, faisant chatoyer sous un ciel d'une vigueur incomparable ses coupoles, ses minarets, les campaniles de ses mosquées.

Un ardent désir de voir de plus près ces merveilles l'agite sans repos. Haletant, il approche, il touche la terre, il aborde, il pénètre enfin dans l'enceinte.

Mais, là, hélas ! finit l'enchantement : là commence la pitoyable et sordide réalité.

Il s'avance avec peine au travers des rues obstruées par les immondices, n'aperçoit que masures infectes là où il avait cru rencontrer des palais, ne voit que des murs branlants, lézardés, éventrés, baillant au soleil sous leur couche criarde de peinture à la colle.

On ressent quelque chose de semblable à l'entrée dans Tolède quand après avoir admiré de loin l'ensemble de ce roc à tête dentelée, on gravit les pentes escarpées et l'on pénètre dans la ville. Des rues étroites et pavées de silex pointus, de grandes maisons grisâtres percées de rares fenêtres grillées, ça et là au croisé des rues, de petits carrefours étranglés, des ruelles, des culs-de-sac, des impasses, en un mot une fourmillière inextricable de tranchées et de couloirs de mine : tel est au premier abord l'intérieur de Tolède.

Il faut surmonter ce sentiment involontaire, et bientôt, ce premier mouvement de répugnance passé, de merveilleuses découvertes, d'étonnantes surprises feront rougir d'avoir un moment porté ce jugement téméraire.

Aussi bien, est-ce aux Tolétains qu'il faut s'en prendre de ce premier aspect, aspect trompeur, de leur cité. De nombreuses couches de chaux s'appliquent chaque année sur les parois extérieurs de ces demeures que frôlèrent jadis la housse des haquenées, les mailles d'acier de Wamba ou du Cid. Il faut gratter ce badigeonnage moderne pour retrouver le Tolède des vieux âges, la ville des princes mores et des rois catholiques.

Malgré son masque de chaux vive, Tolède demeure toujours en dépit des années, la ville d'Espagne, la plus féconde en vieux souvenirs, la plus poétique, la plus fertile en légendes. Là encore, à chaque instant, au bord d'une ruine, au coin d'une rue, sous un portail délabré, au fond de quelque impasse bien sombre, un de ces mendiants tragiques, en haillons, sordide, comme l'on n'en rencontre qu'à Tolède, vous racontera en faisant le signe de la croix, une histoire à faire dresser les cheveux sur la tête. Parfois, la légende dépouille ce caractère effrayant et surnaturel; c'est alors quelque merveilleux conte de fée, le plus souvent une fraîche idylle amoureuse.

Tout dans la ville de Charles-Quint a sa mystérieuse histoire, la cathédrale, les alcazars, les églises, les portes, les ponts, le fleuve, et jusqu'aux rochers de granit qui se dressent comme des ilots décharnés, au milieu des eaux du Tage.

Près du pont Saint-Martin, au sud-ouest et dans le cours même du fleuve, s'élèvent les ruines d'une construction remontant aux premiers rois goths, à laquelle l'imagination populaire se plaît à conserver le nom de Baños de la Cava (Bains de la Cava).

Le site, solitaire, est admirable de fraîcheur et de verdure. Étroitement resserré entre deux parois à pic qui le dominent de près de 100 mètres, le Tage, comme étranglé par ces hauts rochers, gronde et bouillonne en blanchissant d'écume. Vers le nord-est, la masse imposante de l'alcazar des rois catholiques, coupe à angles droits l'horizon, tandis que plus à l'ouest, à côté du faîte de San Juan de los Reyes, se dresse la vieille porte de Cambron.

Sur ces ruines, nous dit la légende, s'élevait au commencement du huitième siècle, le palais du comte Julien puissant feudataire de Rodrigue prince souverain de Tolède. On ne sait point au juste à quoi servait l'ensemble de cette demeure, mais ce que l'on affirme, c'est que rien n'était comparable à la portion, dont les fondements ont seuls survécu au temps. Là, précisément, se dressaient les bains somptueux que le noble propriétaire avait fait construire pour sa fille la belle Florinde, une de ces créatures fatales, que l'imagination des poètes espagnols s'est plu à modeler comme le type des voluptés et des attractions charnelles.

Du haut de son Alcazar, le roi Rodrigue dominait le palais du comte Julien.

Un jour vint, où le prince, dissimulé derrière une des fenêtres de son palais, aperçut la belle fille, au moment où entourée de ses compagnes, elle entrait au bain. Riant et folâtrant dans les eaux, les baigneuses imaginèrent alors un jeu qui finit par mettre à mal le trop curieux souverain. Il s'agissait de décider à laquelle de ces imprudentes, appartenait la jambe la plus irréprochable, et après un mesurage aussi délicat que minutieux, Florinde, la rieuse enfant, fut déclarée à l'unanimité la reine.

Bien qu'éloigné du champ clos, où se livrait cette joute d'un nouveau genre, Rodrigue en avait assez vu pour devenir eperdument amoureux de sa trop jolie sujette. Il était le lendemain à ses pieds, et Florinde, aussi tendre qu'elle était belle, ne sut pas résister à ce brillant séducteur.

Jusqu'ici rien, ce semble, qu'un évènement comme on en voit tous les jours; mais c'est précisément en ce point, que la légende espagnole, sortant des mièvreries amoureuses, pénètre dans la réalité tragique de l'histoire. Abandonnant au prince sa fille, dont il ne veut plus, méditant de dignes représailles de l'affront qu'il vient de recevoir, le comte Julien quitte alors Tolède, se rend auprès des mores d'Afrique et leur montre Rodrigue endormi au sein de coupables plaisirs. Il les excite, les entraîne, fait miroiter à leurs yeux l'Espagne comme une proie facile à conquérir. Les Arabes reçoivent à bras ouverts le transfuge, courent aux armes, passent le détroit, et bientôt les bords du Guadelete voient les hordes gothiques et sarrasines se heurter bruyamment dans une mémorable lutte de sept jours. A la suite de ce choc de géants Rodrigue est défait, son armée anéantie, et Tolède sa capitale, est emportée d'assaut par les Musulmans.

Après trois siècles d'existence, la catholique monarchie des Goths, s'effrondre sous le coup des cimeterres sarrasins.

Le soir du jour où Tolède avait ouvert ses portes aux vainqueurs, l'infortuné Rodrigue, sans armée, sans peuple, sans royaume, fuyait de toute la vitesse de son cheval sur la route de la misérable bourgade qui devait être un jour Madrid. Frappé de la catastrophe inouie dans laquelle sombrait en une journée son empire, il apercevait en cet instant, pour la première fois, les conséquences fatales d'un entraînement éphémère.

Il était trop tard pour y rémédier.

Fugitif, errant, sans asile, objet du mépris de ses anciens sujets, abandonné des princes chrétiens, raillé par ses ennemis, il résolut d'en finir avec la vie. Seulement, cette mort ne devait pas être un suicide : c'était un châtiment, une expiation suprême, une réparation dans laquelle lui-même prononçait la sentence. Sur son ordre, on le cloua vivant en un cercueil de plomb où s'agitaient vingt vipères furieuses.

Depuis ces tristes évènements, chaque soir, quand l'obscurité de la nuit descendait des sierras sur la plaine témoin de ces amours tragiques, une ombre, un squelette, se dressait tout à coup au milieu des Baños de la Cava, face aux murailles détruites qui avaient été le palais du roi Rodrigue. Alors, au milieu du gémissement de la tempête ou du calme d'un beau soir d'été, on entendait un cri de détresse, quelque chose de rauque et de sinistre, puis brusquement, au dessus des ruines de l'alcazar apparaissait un chevalier chrétien armé de toutes pièces, la tête nue, son casque à la main.

Les deux spectres se faisaient face, tournaient l'un vers l'autre leurs orbites affreusement vidés par la mort et demeuraient plusieurs heures dans cette contemplation hideuse.

En de tels moments, dit la légende, bien osé qui se fut risqué à sortir de chez soi et à se promener au bord de la rivière.

Ces apparitions durèrent bien des années, jusqu'à ce qu'une révélation vint apprendre à un ermite de la montagne, que le corps de la malheureuse Florinde gisait sans sepulture dans les ruines de son ancien palais. « Rendez-vous aux Baños de la Cava, avait dit au saint personnage, la voix intérieure qui n'était autre que Florinde elle-même, bénissez les restes de la fille infortunée du comte Julien, et son âme enfin en repos, n'importunera plus Tolède de ses apparitions. »

Le lendemain, une suite nombreuse de fidèles, se rendait aux ruines considérables encore à cette époque, des Baños de la Cava, et y rencontrait en effet le corps de la belle pécheresse, que la vie semblait avoir quitté depuis à peine quelques heures. On creusa là sa fosse, et ces mêmes murailles, muets témoins de ses plaisirs, devinrent son tombeau.

Depuis ce temps les apparitions cessèrent.

Telle est la légende des Baños de la Cava.

Aujourd'hui, les archéologues ont démontré sans réplique, d'abord que les bains de la belle Florinde, s'ils ont jamais existé, ne s'élevèrent pas à l'endroit où les place la tradition, en second lieu, que les débris de maçonnerie, appelés aujourd'hui Baños de la Cava, ne sont autre chose que les assises d'un pont antérieur au pont Saint-Martin.

D'autre part, les historiens espagnols qui ont essayé de faire la lumière sur les origines de l'invasion sarrasine dans la Péninsule, donnent comme certain que le bon roi Rodrigue avait quatre-vingt-sept ans passés, au moment où la tradition populaire le représente épiant les jeunes filles au bain. Cela est possible, il est vrai, mais avouons alors, que Florinde n'a plus aucune excuse pour n'avoir pas mieux résisté que le raconte l'histoire, aux avances de son octogénaire séducteur.

Quoiqu'il en soit, bien hardi demeurerait l'incrédule qui, devant les bonnes gens de Tolède, émettrait un doute sur l'authenticité des Baños de la Cava. Quand tout récemment encore, la cité impériale célébra l'anniversaire de sa libération par Alphonse VI le 25 mai 1085, le prédicateur célèbre, chargé de retracer en chaire la première invasion des Mores, se garda bien de négliger la légende de la Cava. Les traits dont il écrasa la trop tendre Florinde, ne furent pas un des moindre succès de son discours.

La porte de Visagra, la principale de Tolède, livre passage au nord-ouest, à la route de Madrid. On n'est pas d'accord sur l'étymologie de son nom : les uns veulent qu'il dérive de *via sacra*, les autres de l'arabe *bab shara*, porte des champs, enfin, l'opinion la plus actuellement en faveur, voit dans *Visagra* l'origine *bab sagrah*, porte de l'ouest, [1] acception donnée dans plusieurs villes d'Espagne soit à des portes, soit à des routes, soit à des monuments construits face à l'occident.

Cette porte de Visagra, est la réédification par Charles-Quint, de l'entrée primitive. Au dessus de la voute livrant passage à la route, une aigle énorme à tête double, éployée, portant en abîme l'écu écartelé aux armes impériales, forme la partie supérieure du monument. L'ensemble est couronné par un fronton d'un attique sévère, surmonté d'une Victoire l'épée nue à la main.

1. Il existe au Pérou, non loin de Tarapaca la ville célèbre par ses exportations de Guano, une montagne dite également : *Cuesta de Visagra*.

Deux énormes tours rondes, crénelées, à couronnement en damier, flanquent ce monument qui a grand air.

L'ancienne porte de Visagra, dite aussi *puerta de la Conquista* se trouve environ à 100 mètres de la porte de Charles-Quint, à gauche quand on sort de la ville. Elle se dresse à mi-escarpe du fossé actuel, aujourd'hui murée, formée de trois arcs non symétriques, mais pleins de grâce. Sous le cintre principal, une ligne de pierres moins noires, désigne encore l'ouverture étroite, qui donnait jadis entrée dans la ville.

On ne peut s'empêcher de rêver en contemplant cette merveille, qui, n'était sa teinte dorée par les années, semble cimentée d'hier, on ne peut, dis-je, ne se pas recueillir devant cette poterne basse ou passèrent il y aura demain huit cents ans, — 25 mai 1085 — les armées catholiques d'Aragon et de Castille, conduites par le roi Alphonse VI et par Rodrigue de Vivar le héros populaire, le grand Cid Campeador.

En pénétrant dans la ville par la porte de Visagra, on trouve à quelques pas à droite dans une sombre impasse, un ermitage à misérable aspect, que la croyance populaire unit au souvenir d'une merveilleuse légende. C'est une chapelle basse à deux nefs étroites, type fini de cette architecture sarraceno-bysantine dont en Espagne même il n'existe plus que de trop rares traces. Elle mesure environ 50 pieds de long sur 20 de large.

La première nef est formée de neuf arcs en plein cintre, soutenus par quatre colonnes grêles, bizarrement ornementées.

La seconde nef constitue à proprement parler l'église

Elle est terminée par une étroite obside, entre laquelle s'appuie un autel dont le retable churiguerresque soutient le *Christ à la lumière (el cristo de la Luz)*, le crucifix miraculeux auquel se rapporte la légende.

La mémoire du fait surnaturel qui m'a été raconté à propos du *Cristo de la Luz*, a traversé douze siècles, et à la foi sincère du vieux mendiant qui me le répétait, il m'eut paru plutôt ne dater que de la veille.

Pour bien comprendre cette histoire, il faut tout d'abord se rappeler la haine jamais assouvie qui de tous temps, a opposé en Espagne, le chrétien au juif; il faut se souvenir de cet abaissement inoui dans lequel vit depuis quinze siècles, dans la Péninsule, la race israélite, anéantie plus que partout ailleurs sous un évident anathème.

En ce temps là, dit la Légende, vers l'an 610 environ de notre ère, alors que florissait en Espagne la catholique monarchie des Goths, vivait à Tolède, au milieu d'un nombre considérable de ses coréligionnaires, un vieil israélite riche et de bonne maison, dont le nom m'échappe.

Eléazar, — désignons le ainsi, si vous le voulez bien, — nourrissait contre les chrétiens, non seulement ces sentiments hostiles qu'engendre le fanatisme, mais un esprit de vengeance que développait chez lui le souvenir des persécutions nombreuses subies en Espagne par les malheureux de sa race. Nous nous doutons à peine aujourd'hui des discordes sanglantes qu'engendrèrent, en ces temps de foi vive, de croyance fervente, la diversité des opinions religieuses. Alors, en ces matières, l'*indifférence* était un mot vide de sens, et

Éléazar portait au dieu des chrétiens, au faux messie, à l'imposteur de Bethléem, une haine qu'il croyait agréable au Dieu du Sinaï.

Ce sentiment remplissait sa vie et le rendait farouche : il était rude même à ses amis, et un seul être au monde avait le pouvoir d'amadouer cette nature aigrie, de ramener le sourire sur ce front que le malheur des temps, autant que l'âge, avait sillonné de rides profondes. Rachel, sa fille, avait dix-sept ans, quand commence cette histoire. Fruit unique d'un hymen contracté dans un âge avancé, elle demeurait l'unique consolation de ce vieillard morose, qui ne devait plus sourire qu'en la contemplant. C'était une gracieuse enfant, au teint blanc et rose, fauve avec des yeux bleus, craintive, douce, ne sortant jamais de chez son père que pour se rendre à de rares intervalles chez un vieux rabbin d'oncle qui lui expliquait les Écritures.

Pendant combien de temps cette promenade s'effectua-t-elle sans incidents, il me serait difficile de le dire au juste, mais nous savons, — comme je l'ai écrit plus haut, — que la jeune fille avait atteint sa dix-septième année, sans qu'aucun événement remarquable eut sillonné sa vie. Elle était donc dans la plus belle période de sa jeunesse et de ses beaux yeux bleus, quand un matin, en traversant un carrefour, elle avait croisé un cavalier de haute mine, jeune et beau, dont le regard fixé sur elle avec insistance, avait fait affluer à ses joues le plus vermeil sang de ses veines. Pour la première fois de sa vie, Rachel avait dissimulé quelque chose à son père et s'était troublée quand ce dernier lui avait parlé du rabbin, comme se reprochant la tendre œillade du beau cavalier inconnu.

La légende entre ici dans de nombreux détails que je n'ai point le temps de raconter avec toutes leurs minuties. La vérité est, que cette rencontre à l'improviste, devint pour les deux jeunes gens le point de départ d'un amour mutuel qui grandit à l'ombre des difficultés de toutes sortes qui menaçaient sa réalisation.

Amar, le jeune seigneur tolétan, était goth, par conséquent catholique, et quand la jeune fille avait songé à cette différence de culte, qui mettait entre elle et son amant une barrière infranchissable, la passion avait trop grandi dans son cœur, pour qu'elle eut la force de lui sacrifier sa religion. Un vieux prêtre catholique attaché à la chapelle du *Cristo de la Luz*, avait été chargé par Amar, d'initier aux mystères du christianisme sa future compagne : c'était dans l'ermitage, au pied du crucifix jauni, que la jeune néophyte avait reçu les principes de la foi nouvelle. Rachel savourait avec délices la poésie mystérieuse de cette croyance pleine de mansuétude et de tendresse, qu'elle opposait victorieusement à la loi toujours menaçante du Sinaï. Peut-être ne se rendait elle pas bien compte que ce qu'elle aimait surtout dans ces dogmes, dans cette morale d'enchantement et d'amour divins, c'était la communauté plus intime de pensées, d'aspirations, de sensations terrestres, qui l'allait unir désormais à son amant. Sans doute Rachel confondait en une même ardeur le sentiment chaque jour plus violent qui la poussait vers Amar et la lumière bienfaisante que répandait dans son âme le flambeau du christianisme. Quelles que fussent les causes qui la fortifiassent dans la voie nouvelle où elle s'était jetée peut-être inconsidérément, elle y marchait résolument et sans idée de retour : ce fut ainsi que deux mois s'étaient écoulés à peine, depuis sa première visite au *Christ à la lumière*, que la fille d'Éléazar renonçait solennellement à la foi de son père et recevait le baptême.

Grâce à de rondes sommes, la duègne confidente inévitable de ces amours mystérieuses n'avait pas soufflé mot, et ces allées et venues s'étaient passées à l'insu du vieil Eléazar. Ce fut donc une scène étrange que celle dans laquelle Amar, sans préambule d'aucune sorte, sans préparation, sans entrée en matière, tomba un jour chez le revêche israélite, pour lui demander sa fille pour femme.

De nos jours, la chose eut paru fort simple, mais au septième siècle, et en Espagne, la démarche ne laissait pas que d'être épineuse.

Amar s'était nommé.

Il appartenait à l'une des meilleures familles de cette cour de Récarède dans laquelle le sang des compagnons d'Atolphe se conservait encore dans sa pureté primitive ; il occupait à la cour du prince un poste avantageux, il était riche, cavalier élégant : il constituait donc en l'an de grâce 610 ou 611, ce que l'on appelerait de nos jours. « un parti exceptionnel. »

Éléazar, interdit tout d'abord, d'une démarche à laquelle il était si peu préparé, n'hésita pas longtemps.

— « Seigneur, dit-il, en s'adressant à Amar, dans la circonstance présente, c'est à ma fille de répondre la première. Je lui soumettrai votre demande; quant à moi, j'y souscris de toute mon âme, mais vous n'ignorez pas cependant, qu'en aucun cas, ma fille ne saurait être la femme d'un chrétien.

Amar salua et sortit.

Quelques instants après, une violente scène mettait en présence la jeune juive et son père.

Depuis longtemps déjà un plan bien préparé, disposé de toutes pièces, avait été étudié par les deux jeunes gens, pour amener doucement Éléazar à prononcer sans résistance le oui dont dépendait leur union. Mais les choses n'avaient pas été au gré des amoureux, et Rachel, surprise par des questions inattendues, venait de déclarer à son père ce qu'il avait été convenu qu'elle lui dissimulerait jusqu'au bout : sa conversion au catholicisme.

La foudre tombant aux pieds d'Éléazar ne l'eut pas atterré davantage que cette révélation soudaine. Il lui sembla que la terre se dérobait sous ses pieds : il eut un éblouissement, un vertige. Cet homme, qui rencontrait dans une enfant jusque-là soumise, un être tout d'un coup désobéissant, révolté, fut pris brusquement d'un abattement subit. Mais, ce fut là l'accablement d'un instant : le calme qui précède la tempête.

L'orage ne tarda pas à éclater.

Gémissements, injures, exclamations, blasphèmes se heurtaient comme un flot pressé sur ses lèvres tuméfiées par une fièvre subite.

De nouveau une consternation morne remplaça cette expression de fureur. L'événement auquel il assistait en cet instant était pour Éléazar une catastrophe sans remède, et, si l'idée de se séparer de sa fille lui avait toujours été pénible, celle de livrer cette enfant au bras d'un chrétien lui paraisait en ce moment une alternative insupportable. Et quoi, sa fille, Rachel, le sang de son sang, sa vie, sa seule affection au monde, livrée aux persécuteurs de sa race, à ces suppots ineptes d'un imposteur indigne, à cette horde d'impies qu'il avait passé sa vie à maudire — sa fille chrétienne! A cette idée sa face devenait livide, sa bouche s'entr'ouvrait stupide, ses yeux se troublaient comme ceux d'un homme ivre.

Violemment émue du pitoyable état dans lequel elle venait de jeter son père, Rachel avait essayé de ces caresses qui jadis avaient tout pouvoir sur le vieillard — mais celui-ci était demeuré comme inerte sous les embrassements de sa fille. Ces lèvres jadis si douces lui paraissaient rudes, il reculait sous ces baisers comme sous l'empreinte d'un fer rouge, il écartait ces mains dont hier encore il recherchait avidemment la douce étreinte.

Après une heure de cette entrevue affligeante où s'étaient entremêlées les alternatives de la plus vive fureur et du plus complet abattement, le vieillard quitta Rachel, et sans un mot d'adieu, courut s'enfermer chez lui.

Rentré dans son appartement, il fut assailli par les idées les plus sinistres de réparation et de vengeance. Sa fille à un chrétien, jamais! Ou bien Rachel répudierait une erreur dans laquelle un misérable séducteur avait abusé de sa bonne foi, ou bien, séquestrée à perpétuité, elle cacherait au monde sa perfide trahison.

Puis une immense douleur s'empara de ce père, en ce moment digne de pitié.

Si coupable que fut Rachel, c'était son enfant, c'était son sang, le sang d'une femme aimée trop tôt ravie à son affection. Le changement de religion de cette jeune fille égarée ne pouvait être que l'illusion d'un cœur amoureux. Non la foi vive en l'antique loi n'était pas bannie à jamais de l'âme de cette enfant: l'imposteur du Golgotha n'avait pu déflorer bien profondément cette imagination jusque là vierge d'émotions puissantes; — c'était un effet éphémère qui cèderait à de paternelle obsessions,

Ce fut en proie à ces dernières espérances que dans la soirée du même jour, Éléazar se rendit près de Rachel et qu'il l'entretint. Mais, ferme dans sa foi nouvelle comme dans son amour — deux sentiments qui n'en formaient qu'un pour elle — la jeune fille fut inébranlable. L'entrevue dura longtemps, prenant comme le matin des alternatives de violence et de douceur, de persuasion et de menace; puis comme de nouveau au paroxysme de la fureur, le père menaçait sa fille d'une séquestration perpétuelle.

« C'est aux pieds du *Cristo de la Luz* que j'ai ouvert les yeux à la vérité, dit-elle avec une exaltation fébrile, c'est du *Cristo de la Luz* que j'attends protection; je me confie en sa volonté sainte ! »

— Insensée, s'écria Éléazar, en ouvrant les portes avec fracas : nous verrons si ce bois rongé des vers qui prétend protéger les autres saura se défendre lui-même ! »

. . . .

Il était une heure du matin quand Eléazar sortit de chez lui. La nuit était sombre, de gros nuages chargés de pluie, glissaient avec rapidité de l'occident à l'orient, tandis que de violentes rafales emplissaient les rues de leurs gémissements..

Nous avons dit ce qu'était Tolède : un rocher abrupt de plus de deux cents pieds, à pic au milieu de la plaine, un immense mat sans agrès en butte à tous les ouragans. Aussi quand balayant la large vallée du Tage, les vents d'ouest rencontrent cet obstacle fièrement dressé sur leur passage; il se livre là un combat acharné. L'ouragan furieux se brise, en sifflant, sur ces formidables parois ; la bourrasque, échevelée, grince et gémit au travers des rues étroites : les auvents délabrés pleurent sur leurs vieux gonds rouillés, les maisons tremblent et l'antique pont d'Al-Cantara lui-même semble fléchir sur ses puissantes arches.

Il y a qu'un orage dans les Alpes ou dans les Pyrénées qui puisse être comparé à une tempête passant sur Tolède.

C'était par une de ces effroyables nuits qu'Eléazar avait quitté sa maison pour la rue; il fallait qu'un motif bien puissant l'appelât au dehors pour qu'un tel déchainement des éléments ne le rebutât pas. A vrai dire, il ne semblait pas s'apercevoir de cet état violent de la nature. Étroitement enveloppé dans son manteau, son chapeau ramené sur ses yeux, il marchait à grands pas, en proie à une surexcitation violente.

Des imprécations, des blasphèmes sortaient de temps en temps de ses lèvres.

On eut dit un homme ivre : il s'avançait, parfois chancelant et incertain, parfois hardi et assuré, tantôt comme se précipitant vers un but bien déterminé et tantôt hésitant comme sous l'empire d'un doute.

Il s'arrêta enfin, jeta à la dérobée les yeux autour de lui comme le scélérat examine si le coupe-gorge qu'il a choisi est assez solitaire, puis dressant la tête et élevant la voix, il s'écria : « A nous deux maintenant. »

La rue était absolument déserte : la tempête mugissait dans la plénitude de sa violence ; à peine entendait-on vers la porte de Valmardon, celle qui devait porter plus tard le nom de Visagra, le bruit de la sentinelle faisant résonner sur la dalle du corps de garde le sabot ferré de son épieu.

Eléazar était devant l'ermitage du *Cristo de la Luz.*

Il entrouvit la porte qui grinça péniblement sur ses gonds, et franchissant le seuil, il fit quelques pas dans la petite nef.

Une misérable lampe à reflets mourants jetait sur le parois grisâtre une lueur blafarde. Appendu au retable du maitre autel le *Cristo de la Luz*, à peine éclairé, semblait laisser tomber sur le vieil israélite un sourire de miséricorde. Eléazar vit dans ce regard l'apparence d'un défi. — « Misérable, dit-il a demi voix, tu as trompé les hommes pendant ta vie et tu les leurres encore après ta mort, tu as fait jadis le malheur de ton peuple et tu es cause qu'on nous poursuit encore aujourd'hui comme une race maudite. Tu me prends maintenant ma fille, mon seul bien, mon seul amour, mon unique raison de vivre ; écoute la à cette heure, elle pleure, elle gémit, elle t'implore ; soutiens-la, protège-la. »

Il s'arrêta un moment comme attendant une réponse. Puis, comme aucun autre bruit que le sifflement aigu de la tempête, ne troublait le silence de cette nuit d'enfer : « Crucifié, dit-il, en mettant la main sous son manteau, Crucifié, qui prétends sauver les autres, défends-toi toi même » et disant ces mots, il gravit rapidement les deux marches de l'autel, leva le bras et, le ramenant brusquement vers l'image divine, la frappa au cœur d'un stylet aigu.

Le Christ vola en éclats.

Le coup avait été si violent que la croix elle-même traversée de part en part, tomba en deux morceaux au pied de l'autel.

Eléazar remit le poignard à sa ceinture et ramassant les débris de l'image sainte, reprit d'un pas rapide le chemin de sa demeure.

Arrivé chez lui, il jeta dans un coin de la pièce d'entrée les débris de la vieille croix objet de sa fureur puis, gagnant sa chambre, il attendit au lendemain pour montrer à sa fille l'impuissance de son Dieu prétendu. . .

. . . .

Il était à peu près six heures du matin quand Eléazar, que d'étranges rêves avaient bouleversé toute la nuit, fut brusquement réveillé par un tumulte qu'il ne s'expliquait point. Un murmure à chaque instant grossissant, partait de la rue; des cris de menace, de vengeance, de mort résonnaient jusqu'à ses oreilles et des coups furieux ébranlaient la porte ferrée qui défendait l'entrée de la maison. On était au milieu d'octobre et la nuit finissant à peine, ne laissait voir que vaguement encore les contours des maisons, des palais, des clochers. En un instant. Eléazar fut sur pied.

Encore qu'il fut certain de n'avoir pas eu de témoins dans sa besogne de la nuit, encore que dans la vivacité de sa foi juive, il estimât, en conscience, n'avoir brisé qu'une image de bois, ces cris inopinés, ce tapage insolite prenant de moment en moment plus d'intensité le remplirent soudain d'une anxiété pénible. Il appela un domestique et s'enquit du tumulte.

Cependant l'émeute — c'en était une — grandissait à vue d'œil. Un immense flot de peuple s'amassait confusément devant la maison d'Eléazar et la populace menaçante désignait avec stupeur une trace sanglante qui partant de l'ermitage du Christ à la lumière venait aboutir à la demeure du juif.

Depuis une heure, Tolède était en révolution : disons ce qui s'était passé.

Aux premières lueurs du jour, les fidèles qui suivant la coutume de ces premiers âges de foi vive, s'étaient rendus à la chapelle du *Christ à la lumière* avaient constaté avec horreur l'attentat de la nuit. L'image vénérée n'était plus à sa place, mais, ô miracle ! au pied de l'autel, à l'endroit, sans doute, ou le poignard du sacrilège l'avait atteinte, une mare d'un sang chaud et coloré sortait d'une source invisible et ruisselait vermeille, sur les dalles de l'église. L'indice sanglant se dirigeait vers la porte de la chapelle, suivait la chaussée du boulevard de Valmardon, teignait sans interruption le pavé de plusieurs rues et finissait par aboutir à la maison du juif Eléazar.

La nouvelle s'était répandue par la ville avec une indicible rapidité, et en moins d'une heure, quatre à cinq mille fanatiques égarés par les plus cruels sentiments de vengeance, s'étaient massés devant la maison habitée par le père de Rachel, hurlant, vociférant les plus terribles menaces, C'était un véritable siège et si solides que fussent les portes construites en prévision de semblables attaques, celles du malheureux Eléazar finirent par céder. Alors derrière les planches de chêne tombant sous l'effort des pinces et des leviers, apparut un spectacle inoui. Au mur, au dessus même de la dalle où, la veille, Eléazar avait jeté les débris d'une croix vermoulue, le Cristo de la Luz était appendu, reconstitué dans toutes ses parties, rayonnant de splendeur dans une auréole de vive lumière. La trace sanglante de la rue franchissant le seuil du juif deux fois déïcide remontait jusqu'au flanc gauche de l'image sainte où apparaissait une plaie béante et vermeille ; elle redescendait ensuite le long de la paroi et se dirigeait de là vers les appartements de l'intérieur.

Un mouvement spontané fit tomber la foule à genoux et le cri : miracle ! miracle ! retentit tout à coup répété par quatre mille bouches. Mais ce fut l'arrêt d'un instant.

La première stupeur passée, les vociférations reprirent leur cours et une foule ardente, houleuse, envahit à flots pressés la maison, cherchant le coupable que Dieu désignait si manifestement à sa justice.

Eléazar était assis sur son lit, atterré, livide, quand sous l'effort de vingt rudes épaules la porte de sa chambre vola en éclats. Plus pâle que le cadavre que vient d'étreindre la mort, exsangue, inerte, anéanti sous une fatalité terrible, il essayait en vain de comprendre l'horrible phénomène auquel il assistait : un ruisseau de sang vermeil montait de terre jusqu'à sa main droite qu'il inondait d'un flot sans cesse renouvelé, tandis qu'à ses pieds, Rachel sa fille, folle, échevelée, à demi morte essayait en vain d'étancher l'horrible et indélébile tâche.

En cet instant, et comme le flot populaire se ruait sur le malheureux vieillard, un homme sautant à la tête de ces vengeurs de Dieu, enleva dans ses bras la jeune fille privée de sentiment, et se frayant un passage au travers de la foule l'arracha à la fureur de ces forcenés. Quelques moments après, Eléazar sans parole, sans mouvement, était traîné dans la rue, sommairement lapidé, et jeté vivant sur les débris fumant de sa maison embrasée.

Et Rachel? Rachel, nous l'avons dit, était étendue privée de sentiment, aux pieds de son père quand Amar, attiré par le mouvement insolite qui animait la ville, s'était enquis des causes de ce tumulte. Devinant d'instinct qu'un imminent péril menaçait sa fiancée, il s'était élancé sur ses traces, et était arrivé à temps pour l'arracher aux bourreaux de son père. Il avait hésité un moment pour savoir où déposer son précieux fardeau. Transporter la jeune fille chez son oncle le rabbin, n'eût pas été un parti prudent, car il n'était pas certain que la populace égarée, ne voulut pas envelopper dans un même châtiment la famille entière du juif sacrilège. Amar avait donc dirigé ses pas vers la demeure de son vieil ami le desservant du *Cristo de la luz*; c'est là, que brisé de fatigue, il avait pu donner les premiers soins à Rachel. Il était lui-même pâle et défait; les événements terribles, auxquels il venait d'assister en un moment, et dont il ignorait encore tous les détails, tintaient à ses oreilles avec une triste insistance. Mais le moment n'était point aux explications et les deux hommes s'efforcèrent de rappeler au sentiment la malheureuse Rachel qui ne donnait plus signe de vie. Penché sur sa fiancée, haletant, Amar ne tarda pas à voir se ranimer peu à peu cette belle statue en ce moment inerte. Peu à peu le sang afflua de nouveau à la face blême et décolorée, le cœur reprit insensiblement ses battements réguliers, les paupières s'ouvrirent, le sentiment réapparut. « Rachel ! » dit tendrement Amar, en prenant dans ses mains la main de sa fiancée, et il l'interrogea du regard, sollicitant un mot, un signe, quelque chose qui lui confirmât la vie dans cet être aimé.

Les yeux de la jeune fille demeurèrent secs, ses lèvres s'entrouvrirent à peine; elle regarda avec douceur son fiancé, comme en proie à quelque hallucination merveilleuse, puis soudain, brusquement, un rire saccadé, strident, nerveux, contracta son charmant visage en une effroyable grimace : elle était folle.

Le vieil espagnol qui me racontait cette histoire, m'indiqua le couvent, où recueillie par les soins d'Amar, entourée de toutes les douceurs qui pouvaient atténuer sa situation déplorable, Rachel avait passé les deux années qu'elle survécut à son père : ce n'est plus qu'une ruine, dont les murs s'élèvent en arrière de la porte de Cambron.

Pour Amar, il se fit tuer l'année suivante dans un combat contre les Sarrasins d'Afrique.

Voilà, telle qu'elle, une de ces légendes de Tolède, poétique et triste, comme le tempérament des habitants, comme l'aspect de la cité, légende, dont le souvenir toujours vif se perpétue de génération en génération, dans la mémoire des Tolétains, en dépit du positivisme matérialiste qui de nos jours envahit les esprits, en Espagne comme ailleurs.

Je sortis une seconde fois de la ville par la porte de Visagra, en laissant à ma droite la plaine de la Vega et je suivis le cours du Tage qui devait me conduire à la manufacture d'armes.

C'est dans cette plaine que s'éleva jadis le Toletum des Romains, et peut-être auparavant encore, la cité phénicienne. Des fondements bâtis avec ce ciment particulier contre lequel le temps semble perdre son pouvoir destructeur, tracent l'emplacement de ce qui fut sans doute des arènes. Je vis des chèvres et des agneaux brouter en paix l'herbe jaunie imprégnée jadis du sang des fauves, et un berger en guenilles insouciamment étendu sur les gradins où peut-être s'était assis un jour Sertorius ou Pompée.

Je dépassai les arènes, et arrivai au bout de 1,500 à 2,000 mètres environ, à l'établissement que je désirais visiter.

La fabrique d'armes de Tolède, s'élève sur la rive droite du Tage dans une vaste série de bâtiments réguliers qui fait juger de la splendeur passée d'une industrie aujourd'hui bien atteinte. La vie a là des traces encore, mais que demeure l'état actuel des choses quand on songe à l'époque où des milliers d'ouvriers ne savaient suffire aux demandes du monde entier. Et comment en serait-il autrement, en présence de la prépondérance chaque jour croissante de l'arme à feu sur l'arme blanche.

Doté de machines hydrauliques où est utilisée la force motrice du cours d'eau qui le baigne, disposant de machines à vapeur pouvant suppléer, quand la rivière est basse, au moteur absent, ce vaste établissement possède une puissance productive considérable. Actuellement, il demeure la moitié de l'année silencieux, n'occupant que les ouvriers nécessaires aux rares commandes du commerce ou de quelques amateurs fidèles.

La résistance des lames de Tolède ne leur est point

communiquée, comme on l'a dit par la trempe de leur acier.

L'eau du Tage n'a jamais eu les vertus assouplissantes particulières qu'on lui a prêtées. Quant au métal constituant la matière première, il provient de sources différentes, la plupart du temps, de l'étranger, et ne possède de vertus spéciales que celles qu'il acquiert par la manipulation dans les ateliers.

Dire avec Théophile Gauthier, qu'il entre dans la composition des lames de Tolède, « de vieux fers de chevaux et de mules, recueillis dans ce but, » c'est se permettre une plaisanterie excusable peut-être chez le grand touriste, mais qu'on ne saurait tolérer chez un simple mortel comme nous.

Je suis donc obligé de déclarer en conscience, que le métal employé à Tolède, est absolument le premier venu, et qu'aucun sortilège ne contribue à lui donner ses propriétés célèbres. Si jadis, les armuriers de la *calle de las armas* crurent réellement à la vertu spécifique de l'onde mystérieuse du Tage, les officiers d'artillerie qui dirigent aujourd'hui les usines de Tolède, avouent très humblement, que les qualités de leur acier, sont tout simplement dues au procédé de fabrication.

Une pièce de fer, longue d'environ vingt centimètres, et dont la section droite est un parallélogramme d'environ un centimètre de côté sur deux, est soudée entre deux tiges d'acier de même volume et de semblable forme. Les trois pièces ainsi unies en un tout inséparable, sont alors aplaties et distendues au *marteau*, de manière à acquérir la longueur et l'épaisseur de la lame voulue. C'est dans ce martelage que consiste l'habileté de l'ouvrier, le plus ou moins de résistance, de flexibilité du sabre ou de l'épée.

Les épreuves sont de plusieurs sortes et ont pour but de constater, les unes la souplesse les autres la résistance.

L'expérience de résistance consiste à entamer d'un coup vigoureux une forte barre de fer quadrangulaire et à entailler dans une de ses arêtes aigues une encoche parfois profonde d'un centimètre. Pour l'épreuve servant à mesurer la flexibilité, on emploie une planche carrée d'environ quarante centimètres de côté, épaisse comme la main, dans laquelle est gravée en creux dans une profondeur d'environ quatre centimètres une figure ayant la forme d'un 8. La lame à éprouver, introduite dans ce moule, doit se plier à ce double contour, puis rendue à la liberté, se détendre d'elle-même en redevenant parfaitement droite,

Disons sur le champ, que l'épreuve du 8 est infligée à un petit nombre de lames et qu'elle a surtout une valeur de curiosité : on comprend en effet qu'une épée à point flexible n'aurait qu'une mince valeur défensive. D'autre part les lames qui entament la barre de fer, dont nous avons tout d'abord parlé, ne sauraient subir l'épreuve du 8 ; ces dernières au point de vue pratique, sont les plus estimées.

Quand, au retour de la manufacture d'armes on rentre à Tolède par la porte de la Almaguera, on traverse une série de ruines de l'assemblage desquelles on construirait un merveilleux palais. Des reste d'inscriptions latines ou espagnoles témoignent encore de la haute destinée de ces anciennes demeures; des fûts de colonne brisée, des chapiteaux fendus, des frontons en morceaux jonchent le sol, et une population insouciante, sale, couverte de haillons et de vermine s'agite avec indifférence au milieu de ces souvenirs de sa grandeur passée.

Après la porte de la Almaguera, la route, la rue si l'on veut, se bifurque en deux tronçons: celui de droite conduisant vers le pont Saint-Martin, la route de gauche montant vers la Cathédrale. — En suivant cette dernière, on laisse à main droite l'église San-Juan-de-los-Reyes-Nuevos aux murs intérieurs de laquelle sont appendus les fers des chrétiens délivrés à Malaga lors de l'expulsion des Mores. C'est de cette église, si mes souvenirs sont exacts, que fut longtemps chanoine l'immortel Calderon lorsque de soldat, d'écrivain dramatique et de poète de cour, de diable en un mot, il se fit ermite.

Le chevet de San-Juan, est un des morceaux d'architecture les plus admirés à Tolède. L'intérieur de l'église, en particulier le transept et l'abside sont d'une richesse d'ornementation, d'une profusion de découpures inouies. Feuillages à dentelures bizarres, moresques introuvables, animaux apocalyptiques, pierres évidées à jour, enchevêtrements de guirlandes, de fleurs, de lettres gothiques ou arabes, c'est une vraie débauche de sculptures étranges dont l'ensemble frappe davantage par sa singularité qne par son bon goût peut être. Ce qui est au dessus de toute critique, c'est la finesse du travail artistique, la variété de cette flore de convention, le véritable délire de cette conception endiablée.

Le cloître est à notre humble avis, supérieur à l'église même : tout en ruine qu'il soit actuellement, il garde encore assez de parties intactes pour que nous puissions le juger, l'admirer en pleine connaissance de cause.

Nous n'imaginons pas qu'il puisse exister au monde un assemblage à la fois plus riche, plus correct plus pur de lignes, plus suave de contours. L'ogive espagnole n'a rien fourni de plus gracieux que les voussures maîtresses qui soutiennent l'élégant vaisseau de cette voûte. Les piliers intérieurs placés aux quatre angles du patio semble autant de palmiers élancés renversant sur leurs troncs superbes leurs branches éplorées. Si étranger qu'on soit à l'art, on éprouve à l'aspect de cette harmonie dans les lignes cette pure jouissance qu'évoque toujours la contemplation du beau.

Ces piliers, que nous comparions volontiers aux palmiers du désert sont, dans leur partie inférieure d'une richesse de détails, d'une varieté de sculpture fantastique. A deux mètres du sol environ, un gracieux encorbellement creuse le fût principal de la colonne, et dans l'évidement du tronc, abrite un saint de pierre sous une coupole dentelée aussi hardie dans sa forme générale que minutieuse et délicate dans ses détails. Les ogives des fenêtres, les guirlandes des encadrements sont de ce pur style, de cette correction, de cette vigueur qui indiquent sans erreur possible leur origine : nous somme là en plein XIIIe siècle, encore à l'abri des fadeurs et du faux goût qu'on déplorera cent et deux cents ans plus tard.

Il faut nous arrêter là dans cette digression qu'on ne trouvera peut-être pas assez militaire pour le titre que nous avons inscrit en tête de ces lignes. J'espère qu'on nous pardonnera cette fugue dans le domaine de l'art et de la légende. Si traîneur de sabre que l'on soit, il est difficile de ne pas rêver quelquefois, surtout en Espagne sur la terre du Cid et des poétiques souvenirs par excellence.

Revenons à la réalité.

CHAPITRE IX

Tolède et ses écoles militaires. — Le collège des orphelins et le palais Santa Cruz.— L'école centrale de tir. — L'alcazar et l'académie d'infanterie.

Il existe trois établissements militaires dans la ville de Tolède, sans compter la manufacture d'armes dont nous avons déjà parlé : ces trois établissements sont : le collège des orphelins d'infanterie, l'académie militaire d'infanterie, l'école centrale de tir.

Le collège des orphelins d'infanterie est destiné à recueillir les enfants des deux sexes dont le père est mort au service de l'Etat. L'établissement, placé sous le commandement d'un colonel, est double ; il comprend pour les garçons, un collège proprement dit ayant à sa tête un personnel enseignant moitié militaire moitié civil ; en second lieu et pour les filles, un couvent dirigé par des religieuses.

Les enfants, entièrement séparés, ne se voient qu'à la chapelle le dimanche, pour les services religieux.

Composé presque uniquement de fils de militaires, le collège des orphelins de Tolède fournit d'ordinaire un assez grand nombre de sujets aux écoles militaires d'Espagne. Au concours de 1880, sur les 404 candidats à l'académie d'infanterie et sur les 113 admissibles, presque toutes les premières places de la liste d'admission étaient occupées par des élèves de Tolède. Cependant il est question de modifier le système des études et d'y introduire pour une large part l'apprentissage des métiers manuels.

Le séjour à l'école est limité à la vingtième année. A cet âge les jeunes élèves qui n'ont pu entrer dans une académie militaire quelconque, prennent d'ordinaire le parti de s'engager; — d'ailleurs ils tombent cette même année sous le coup du tirage au sort; quelque soit leur décision, ils doivent quitter le collège.

Le couvent des filles semble avoir donné des résultats supérieurs peut-être à ceux du collège : quelques unes de ces enfants obtiennent un brevet de capacité pour l'enseignement, la plupart apprennent un métier manuel et se marient dans le milieu modeste des artisans d'où, en général, elles sortent; quelques unes en petit nombre entrent dans la vie religieuse.

De même que les orphelins de Guadalajara, les élèves du collège de Tolède, sont installés dans un palais dont l'admirable architecture apparaît encore en de nombreux endroits : nous avons nommé l'ancien hôpital Santa-Cruz.

La façade, le portail, le patio entourés de deux colonnades superposées comme dans le palais des ducs de l'Infantado, le grand escalier conduisant, à droite de l'entrée, à la galerie du premier étage sont autant de chefs-d'œuvre où l'élégance des lignes, la richesse des détails, le fouillis gracieux des entrelacements présentent un tableau que l'œil charmé contemple avec ravissement. Malheureusement tout cela tombe peu à peu en ruines.

Cà et là un crochet de fer éventre d'une façon barbare quelque fine sculpture et retient ainsi une voûte prête à s'effondrer; la rampe magistrale de l'escalier est de cette façon violente, maintenue dans son aplomb.

Les plafonds à caissons de chêne sculptés et dorés sont presque partout masqués par du plâtre; le colonel commandant l'école, nous raconte à ce sujet, avoir dans sa jeunesse encore contemplé ces magnifiques ébénisteries, alors que l'académie d'infanterie était installée naguères dans ces mêmes bâtiments, et que lui-même en suivait les cours en qualité d'élève.

Aujourd'hui, il reste peu de traces de ces richesses; les cavités des boiseries dorées ont été remplies d'un ciment solide: un latis vulgaire a nivelé ces rugosités artistiques, une couche de plâtre a voilé définitivement la plupart de ces précieux plafonds.

La chapelle est le morceau le mieux conservé de ces ruines artistiques. La lanterne qui précède la nef est remarquable par son ornementation intérieure, et le regard fatigué de n'apercevoir que des décrépitudes se repose avec complaisance sur cet imposant débris.

Espérons que le gouvernement espagnol comprendra, qu'après l'alcazar, il est engagé d'honneur à relever le palais Santa-Cruz.

Une galerie de bois met en communication le collège des orphelins avec l'école centrale de tir.

L'Espagne ne possède que ce dernier établissement

pour l'étude des grands problèmes de tactique qu'essaye de résoudre de nos jours la science du tir.

Cependant plusieurs circulaires de l'ancien ministre de la guerre (le marquis de Fuentefiel) la création récente des concours de tir, la réunion de la commission chargée d'étudier un nouvel emplacement pour l'école centrale, prouvent que l'Espagne ne veut pas demeurer en retard dans cette importante branche de sa réorganisation militaire.

Il est certain qu'à Tolède, le champ de tir est absolument insuffisant pour aucune expérience sérieuse.

Il y a déjà plusieurs mois — c'était, il nous semble, en juillet 1880 — que le ministre de la guerre chargeait une commission spéciale d'étudier s'il n'y aurait pas lieu de transporter au Pardo ou à Carabanchel l'établissement actuellement situé à Tolède. D'autres villes, Burgos et Valladolid, par exemple, avaient aussi offert au gouvernement espagnol des emplacements et même des édifices pour installer l'école. Il est donc certain que la question ne demeurera pas longtemps sans solution.

L'école de tir, telle qu'elle existe en ce moment à Tolède, est placée sous les ordres d'un colonel, d'un lieutenant-colonel, de deux commandants, deux capitaines, et trois sous-lieutenants. Les cours sont divisés en deux périodes de 4 mois, l'une allant du premier septembre au 30 décembre, l'autre du premier mars au 30 juin [1] ; ils sont suivis tantôt par des officiers, tantôt par des sous-officiers et quelquefois par les uns et les autres en même temps. Ainsi, cette année, après la circulaire royale du 14 décembre 1880 portant que les

1. Circulaire du 30 juillet 1880.

cours de 1881 ouvriraient dans la première période pour 30 chefs de bataillon et dans la seconde pour un chiffre déterminé de sous-officiers, le ministre de la guerre, avait établi que ce serait les commandants dits *Fiscaux*[1] qui se rendraient le 1er mars à Tolède.

Les cours pratiques ont été limités jusqu'ici à des feux individuels, l'exiguité des champs, d'expériences empêchant encore l'exécution de ces feux à grande distance dits *feux de guerre* pratiqués en France, en Allemagne, en Autriche, partout enfin où les questions militaires sont à l'ordre de jour.

Le cours théorique est fait par M. le lieutenant-colonel Don Mariano Gallardo une personnalité qu'il faut citer quand on s'occupe de tir en Espagne.

Cet officier distingué qui a étudié son sujet dans les derniers travaux publiés en Allemagne et surtout en France[2], est l'auteur d'un manuel de tir aujourd'hui à sa troisième édition dans lequel les grandes questions de tir actuellement pendantes sont exposées avec une clarté et une ampleur très suffisantes[3].

Dès 1879 nous avions signalé dans le *Bulletin de la Réunion des officiers*, la première édition de cet ouvrage dont nous disions déjà à cette époque qu'il contenait « plus d'un renseignement utile et de judicieuses remarques » ; ajoutons ici que l'édition récente est fort supérieure à son aînée.

1. Majors chargés de tout ce qui a trait à la justice.

2. En particulier les études du commandant Paquié.

3. Il faut encore citer ici à propos de tir le *manuel* du colonel D. Pedro de Moralès y Prieto le colonel du régiment d'infanterie de Cuenca, les *Armas portatiles de fuego* de MM. Barado et Jenova.

Les matières traitées dans les cours sont groupées en grandes sections principales se subdivisant en chapitres et paragraphes secondaires : nous analyserons sommairement ici ces matières.

Première partie : — Description des diverses armes en usage dans l'armée espagnole. Entretien des armes.

Deuxième partie : — Munitions. Description de la cartouche. Cartouche à blanc. Nombre de cartouches à attribuer annuellement à chaque homme.

Troisième partie : — Théorie du tir. Résistance de l'air. Pesanteur. Trajectoire. Pointage. Lignes de mire. Règles de tir. Espaces battus par le feu.

Quatrième partie : — Appréciation des distances. Moyens divers d'appréciation. Instruments. Télémètres. Chronotélémètre Ortega. Stadias.

Cinquième partie : — Pratique du tir. Causes de déviation dépendantes, indépendantes du tireur. Effet utile. Pour-cents divers. Vitesse du feu.

Sixième partie : — Tir dans les chambres, appareils Cantérac, tir à la cible, matériel réglementaire.

Septième partie : — Exercices d'appréciation des istances.

Huitième partie : — Instruction du tir. Exercices préliminaires. Mouvement de la hausse. Positions du tireur. Lignes de tir et trajectoire. Explications pratiques. Exercices de pointage. Tir à bras francs et dans les chambres. Tirs individuels. Feux tactiques.

Neuvième partie : — Détail du tir, périodes d'instruction, classement, concours, prix et distinctions pour les bons tireurs.

La connaissance des armes employées dans les armées étrangères est donnée aux élèves , pratiquement, grâce à un musée contenant la collection à peu près complète des fusils adoptés en Europe et aux Etats-Unis. Ce musée renferme en outre, la plupart des instruments ayant un rapport quelconque avec le tir : la majorité des télémètres connus, le chronotélémètre Ortega copie à peu près identique du télémètre Le Boulengé, des stadias, quelques armes anciennes et entr'autres un type du fameux *trabuco* espagnol à canon court fortement évasé à la bouche.

Les officiers envoyés à Tolède pour suivre les cours de tir habitent en ville et se rendent à l'école seulement à l'heure des conférences. Cette affluence dans les rues, d'officiers circulant avec des livres et des cahiers sous le bras donne encore un aspect particulier à la vieille cité de Charles-Quint.

Jusqu'ici, nous l'avons dit, les résultats acquis pour la diffusion dans les régiments, des idées contemporaines et des principes nouveaux récemment découverts dans la science du tir, n'ont pas été encore considérables en Espagne ; — les efforts tentés par le gouvernement donnent à espérer qu'avant peu un progrès rapide sera effectué sous ce rapport.

L'Académie d'infanterie, école préparatoire destinée à former des sous-lieutenants d'infanterie est installée dans le palais qu'on appelle simplement l'Alcazar, palais grandiose, bâti sur la partie la plus élevée de la ville. Aux pieds du vaste monument, la ville étend son panorama bizarre de toits pointus, de sombres ruelles, de terrasses blanches.

Quatre importants corps de logis exposés au nord, à l'est, au midi et à l'occident, composent cette majestueuse et massive construction. Les façades de l'est et de l'ouest sont les deux plus anciennes.

La première, souvenir de la domination gothique, n'est pas seulement un monument d'une architecture entièrement perdue aujourd'hui, elle garde encore une valeur particulière de son aspect imposant et sévère ; on prétend qu'en 1085, elle était la demeure du roi more Yahia et que le cid campeador Rodrigue de Vivar nommé gouverneur de la ville, y fixa sa résidence.

La façade de l'ouest est due aux rois catholiques [1], celle du nord à Charles-Quint, celle du sud à Philippe II.

Cet admirable édifice brûlé en 1710, par les troupes portugaises qui avaient pris parti contre Philippe V, fut une seconde fois la proie des flammes en 1813. Certains auteurs espagnols en fixant en 1809 ou 1810 la date de cette seconde catastrophe en ont chargé la mémoire des troupes françaises qui occupaient alors la ville, mais cette accusation n'est pas fondée. L'Espagne il n'est que trop vrai, a le droit de nous attribuer la plupart des ruines récentes qui jonchent aujourd'hui le sol de son territoire ; cependant nous ne devons point porter la responsabilité de sauvageries que nous n'avons point commises. Or, il est attesté par tous les

1. On appelle spécialement ainsi en Espagne Isabelle de Castille et Ferdinand d'Aragon son mari.

français qui virent Tolède au commencement de 1813 — on sait que l'évacuation n'eut lieu qu'au printemps — qu'à cette époque l'Alcazar demeurait dans l'état où l'avait laissé la restauration de Ventura Rodriguez, en 1774 ou 1775.

Jusqu'à ces dernières années l'Alcazar avait gardé l'aspect que lui avait laissé l'incendie du commencement du siècle, quand, à l'occasion du transfert dans ses bâtiments de l'Académie d'infanterie des travaux de restauration qui durent encore, furent entrepris.

La direction de ces travaux est actuellement confiée à un véritable artiste, M. le commandant D. Victor Hernandez, qu'une blessure reçue dans la dernière guerre civile a condamné à une vie sédentaire. Grâce aux efforts de cet officier, l'Alcazar a repris sa place parmi les merveilles d'art architectural dont l'Espagne abonde. Les quatre façades, entièrement terminées, défient à nouveau l'effort du temps. Rien de beau comme la colonnade du patio, due à Hernan Gonzalês de Lara, à Gaspar de Vega et à Francisco Villapando, rien de majestueux comme le grand escalier intérieur adossé à la façade méridionale, comme le magnifique portail de la façade principale. Parmi les travaux nouveaux les plus remarquables, il faut admirer au milieu du patio la belle statue de Charles-Quint de Léon Léoni, les remarquables candélabres du sculpteur tolétan Abecilla, les peintures des deux salons du nord et du sud dues au pinceau du peintre Sanz. La décoration de ces deux dernières pièces est d'une richesse et d'un goût artistique merveilleux : moulages en plâtre, arabesques, entrelacements multiples, moresques étranges, découpages, dentelures, sculptures en bois, tout est copié avec un soin minutieux sur des modèles authentiques reproduits avec une exactitude absolue.

Les salles des cours sont placées au rez-de-chaussée avec les réfectoires; les dortoirs occupent les étages supérieurs des façades est et ouest.

Il n'y a pas à proprement parler de salles d'études à l'Académie d'infanterie, et les jeunes gens travaillent dans les dortoirs. A cet effet, à côté du lit de chaque élève se dresse un meuble ressemblant à une armoire, divisé par une planche horizontale médiane en deux compartiments égaux. En bas sont rangés les vêtements, le linge, la chaussure; en haut sont les livres. La planche du milieu, qu'on peut faire glisser à volonté en saillie sert de pupitre pour écrire et pour travailler.

Nous ignorons si l'hygiène n'a pas à souffrir de cette parcimonie de locaux.

La période d'entrée à l'Académie d'infanterie s'étend comme dans toutes les écoles militaires d'Espagne, de 14 à 20 ans pour les jeunes gens fils de militaires, et de 15 à 20 pour les autres. On a vu les programmes de l'examen exigé des candidats à l'école du génie, celui de l'académie d'infanterie contient un peu moins de mathématique, un peu plus de géographie et d'histoire.

La durée des cours est de trois ans, mais les élèves qui ne répondent pas d'une façon suffisante aux examens de fin d'année peuvent redoubler le cours qu'ils ont témoigné ne pas suffisamment posséder; on ne peut redoubler un cours qu'une fois, mais on peut redoubler une fois tous les trois cours. Il arrive donc que certains élèves peuvent passer six ans à l'académie et que parmi ces derniers, un des sujets entré par exemple à la limite supérieure de 20 ans peut n'obtenir le grade de sous lieutenant qu'à sa vingt-sixième année.

L'instruction donnée à l'école est théorique et pratique et comprend à peu près dans son entier le cours de première année de notre école de St-Cyr. La tenue est celle des sous-lieutenants d'infanterie moins les galons de grade.

Ces jeunes gens ont dans la physionomie une certaine gravité qui ne se remarque pas dans notre jeunesse militaire, ils sont moins enfant, et la discipline intérieure, confiée uniquement à des gradés, est rarement violée d'une façon sérieuse.

Les élèves habitent l'école, mais disposent chaque jour, en outre des récréations dans l'académie, de deux heures de liberté qu'ils passent en ville. La majorité occupe ce temps à se promener par petites bandes sur la place du Zocodover, posément, fumant gravement leur cigarette, au milieu de la société tolétaine qui chaque jour, se donne là rendez-vous.

L'Académie d'infanterie est commandée par un brigadier directeur, ayant sous ses ordres un colonel *chef des études*, un lieutenant-colonel chef du détail, un commandant premier professeur et le nombre de capitaines et de lieutenants professeurs ou professeurs-adjoints nécessaires au nombre des élèves.

Les professeurs des écoles militaires jouissent d'avantages marqués ; ainsi, ils ont droit à une augmentation de solde, à des décorations honorifiques et à certains *emplois* ou grades supérieurs dont il sera parlé plus loin. Il leur est interdit d'une façon absolue de préparer des candidats à aucune académie de l'Etat ni de donner ce que l'on appelle vulgairement des répétitions.

D'une façon générale, l'académie de Tolède fournit l'infanterie espagnole d'officiers instruits et doués d'un bon esprit; c'est certainement un des meillleurs établissements militaires de la Péninsule.

CHAPITRE X

La vie à l'intérieur des casernes. — Le poste de police. — Les chambres. — L'habillement. — La comptabilité des compagnies. — L'administration intérieure. — Les Juntes économiques. — La solde. — Les écoles régimentaires.

Ce que l'on voit tout d'abord quand l'on pénètre dans une caserne, en Espagne comme en France, c'est le poste de police. Seulement au lieu des quatre hommes et du caporal qui, le plus souvent, chez nous, sont jugés suffisants à la garde de nos quartiers militaires, on rencontre chez nos voisins d'outre-Pyrénées, un luxe d'officiers et d'hommes qui a lieu d'étonner. En Espagne, la garde de police se compose, en moyenne, de 25 à 35 hommes [1] : elle est commandée par deux officiers dont un capitaine ; elle porte le nom de « Poste de prévision » (guardia de prevencion).

Le capitaine de garde préside à tous les exercices, à toutes les prises d'armes. Il accompagne le colonel

1. L'Ordonnance de Charles III, du 22 octobre 1768, établissait que la garde de prévision se composerait toujours d'un capitaine, d'un officier subalterne, de 2 sergents, 1 tambour, 47 caporaux et soldats. Ces dispositions ont été modifiées par un ordre royal du 8 juin 1841 qui laisse à l'initiative des chefs de corps le soin de proportionner le nombre des hommes de garde aux exigences du service et à l'importance de la caserne.

dans sa visite au quartier, garde toujours sur lui la clé du magasin des ordinaires, cumule, en un mot, les fonctions de chef de poste avec celles d'adjudant-major de semaine et de capitaine de distribution.

La salle destinée au commandant de la « Guardia de prevencion » est beaucoup plus confortablement installée que les chambres où nos officiers de garde passent d'ordinaire leur nuit. Elle possède, en général, des meubles élégants et commodes, des tables à écrire et à jouer. Au mur sont appendus des drapeaux et des panoplies, des tableaux traçant en résumé l'historique du corps, un portrait du roi, etc. Dans un des coins est le drapeau et dans un autre la caisse du régiment; au centre brûle, en hiver, un brasero vaste plateau de cuivre où des charbons allumés se consument doucement sous la cendre qui les couvre. Ce système de chauffage, tout dangereux qu'il paraisse, est employé dans presque toute l'Espagne.

Les chambres des soldats. — La plupart des casernes espagnoles sont, comme il a été dit dans le commencement de cette étude, d'anciens couvents. Fort peu ont été construites pour leur destination actuelle, et il faut connaître ce détail, pour s'étonner moins de trouver dans d'aussi vastes salles, de si minces effectifs.

Les chambres sont en général propres et bien tenues : les chalits en fer disposés pour la nuit, perpendiculairement à la muraille sont, pendant le jour, placés parallèlement à ces murs, rangés d'un seul côté, donnant ainsi au milieu du local, un grand espace libre.

Les vêtements du soldat, la capote, la tunique, le pantalon, sont à peu près identiques aux nôtres, surtout comme couleur. Ce qui frappe, cependant, à un examen plus attentif, c'est la finesse du drap, l'élégance de la forme, la confection, en tout bien plus soignée que dans notre armée. La capote coûte 28 francs, la paire de souliers 7 francs.

Le soldat espagnol ne porte de souliers de cuir qu'en temps de paix. Au moment d'une entrée en campagne, on distribuerait à chaque homme une paire d'*alpargatas* chaussures de cordes, employées dans toute l'Espagne par l'homme du peuple. Cette sandale, qui laisse tout le pied nu, est maintenue par des cordons qui font le tour de la cheville, et s'attachent sur le cou-de-pied ou sur la jambe même, comme le cothurne des Grecs. La semelle, en corde tressée, épaisse de deux centimètres, forme un tout parfaitement compacte qui s'use peu à peu à l'instar d'une semelle de cuir. Au dire des officiers, une paire d'alpargatas peut durer trois mois en temps sec et deux mois dans des terrains détrempés par la pluie ; il est à supposer, cependant, que dans des pays comme la France ou l'Allemagne, ces semelles de cordes ne constitueraient pas une chaussure suffisante.

Le havre-sac (morral) n'est pas le même dans tous les régiments. Dans certains corps, c'est une sorte de musette en toile grise qui, en campagne, ferait sans doute peu d'usage. Quand le paquetage est fait, le morral est recouvert par une toile cirée. Ce système est fort imparfait et doit être remplacé par un autre plus perfectionné, dans lequel le sac est en cuir, de la taille et de la contenance du havre-sac français à peu près. Ce nouveau morral porte à son sommet une boîte indépendante, destinée à recevoir les cartouches.

Le shako (ros) en drap gris, est bas, plus évasé du

haut que de la partie inférieure, et muni d'un vaste couvre-nuque, qui ne se porte qu'en campagne.

Les chambres des soldats contiennent les mêmes placards que ceux qu'il est de règle d'afficher dans les nôtres en France. On doit signaler cependant deux tableaux que nous n'avons pas : le premier est la liste des hommes punis durant la semaine, le second, une sorte de panoplie contenant toutes les pièces du fusil démonté, une coupe du canon, et une autre du mécanisme, etc., etc.

Nous dirons ici quelques mots de la comptabilité des corps de troupes espagnoles, science autrefois fort épineuse, qu'a bien simplifié, en l'année 1858, je ne sais plus quel ministre, le général Ros de Olano je crois, ou le maréchal O'Donnell. Le capitaine, qui avait à cette époque, une série interminable de livres à tenir, est aujourd'hui débarrassé du plus grand nombre, et se contente de la liste, respectable encore, qu'on va lire.

1° La liste d'appel présentée à l'intendant à la dernière revue d'inspection.

2° Le registre des filiations. — Sur ce registre le commandant de la compagnie inscrit le signalement de ses hommes, le lieu de leur naissance, le nom de leurs père et mère, et autres renseignements de ce genre ;

3° Le journal des mutations journalières ;

4° Le livre d'ordres ;

5° L'état de l'habillement, armement, équipement et fournitures mobilières touchés au magasin ;

6° Les livrets individuels ;

7° Le livret matricule de la compagnie ;

8° Le compte annuel du capitaine avec le trésorier;

9° Le livre des distributions en effets pour la concordance avec les livrets individuels;

10° Le cahier d'ordinaire;

11° Le livre des livraisons et réceptions courantes.

A la fin de chaque mois, le capitaine est tenu de soumettre au commandant ces divers registres: ce dernier les approuve par une signature.

Nous l'avons dit déjà et nous y revenons, ce qui frappe tout d'abord quand on voit une troupe espagnole, c'est l'élégance du vêtement du simple soldat, la finesse du drap employé, la bonne coupe des divers effets. Le système d'après lequel est habillé la troupe ne peut être indifférent à un tel résultat, et quand on étudie la façon d'agir, en usage à cet égard de l'autre côté des Pyrénées, on s'explique vite le luxe véritable qui saisit au premier aspect.

Ce sont les capitaines du régiment réunis en conseil (*junta economica*) sous la présidence du colonel, du lieutenant-colonel et du major chef du détail, qui décident de l'achat des fournitures diverses nécessaires à leurs hommes, sauf en ce qui concerne le pain, les objets mobiliers, le charbon, l'huile d'éclairage, et, dans la cavalerie, les fourrages.

Les choses se passent à peu près comme en France, aux séances de nos conseils d'administration.

Le colonel ayant à sa droite le lieutenant-colonel et à sa gauche le chef du détail, préside la réunion; les capitaines se plaçent, le plus ancien à la droite du lieutenant-colonel, son suivant d'ancienneté à sa droite, et ainsi de suite jusqu'au dernier qui est à la gauche du chef du détail.

Sur la table est un registre dit *libro de providencias* destiné à recevoir la délibération du conseil.

Le colonel annonce l'objet de la réunion et soumet à l'examen de la junte la question à traiter : fourniture de capotes, de shakos, de souliers, de flanelles ou tout autre spécialité. La discussion s'engage alors jusqu'à ce que la lumière soit faite ; on procède ensuite au vote dont la majorité des suffrages est souveraine. Le dépouillement terminé, procès-verbal de la séanee est dressé et inscrit sur le *libro de providencias* que signent tous les membres du conseil.

Supposons, par exemple, que la *junta economica* ait décidé l'achat du drap nécessaire pour la confection de 500 tuniques. Elle nomme sur le champ l'officier spécialement chargé de traiter de cette fourniture et lui adjoindra immédiatement deux autres capitaines. La mission de ces deux délégués sera en même temps une œuvre de collaboration et de contrôle : ils devront avec leur collègue précédemment nommé, s'entendre avec un fournisseur, établir un rapport sur le résultat de leurs démarches, proposer enfin un modèle type à la Junta[1].

Il est inutile d'insister sur la concurrence qu'un

1. « Cuando haya que renovar un vestuario ó parte de él, el coronel del regimiento convocará à su habitacion la junta de Jefes y capitanes para la eleccion de uno de esta última clase que se encargue en la construccion de las prendas, eligiendo igualmente dos que lo acompañen a explorar el précio de los géneros que se necesiten, su calidad y demás circunstancias. Verificado esto, volverá à reunir la misma junta, y en ella se pondran de manifesto las muestras y sus respectivos precios, y quedando convenidos en su buena calidad y moderado precio, se procederá á la construccion, pues para ello tendrá ya de entemano la autorizacion que se marca en la regla sétima. » Circulaire du 14 novembre 1844. — Voyez la note suivante pour l'art. 7.

tel système entretient chez les manufacturiers et commerçants de toute sorte appelés à entrer en relations d'affaires avec les régiments. Il se passe là ce qui a lieu pour les vivres avec nos commissions des ordinaires : diminution dans les prix d'achat, amélioration dans la qualité des marchandises acquises.

Une fois que le modèle-type arrêté par les trois officiers délégués a été accepté par la junta, il est marqué au timbre du régiment, puis, envoyé à la Direction de l'infanterie dont le visa est nécessaire pour la validité du marché. A cet égard, le colonel de tout corps faisant une opération de ce genre est tenu de rendre compte au directeur général des fonds qu'il a en caisse et de garantir que la durée réglementaire des effets dont son régiment a besoin, est réellement expirée; c'est là d'ailleurs une formalité[1].

Dès qu'il est autorisé par l'autorité compétente, le marché est retourné au corps, déclaré définitif et exécuté. « Autant que possible, dit à ce sujet le règlement, il sera pris mesure à chaque individu, pour les vêtements qu'il sera appelé à porter »[2].

Les dépenses occasionnées par les diverses fournitures votées par les *juntas économicas* sont réglées au moyen de fonds de quatre espèces différentes :

1. « ART. 7. — Siempre que haya que construir un vestuario ó prendas de él los Jefes de los cuerpos se dirigerán à los Inspectores o Directores generales de las respectivas Armas pidiendoles la competente autorizacion y manifiestándoles la cantitad que existe en él fondo, à la que debe ascender proximamente la construccion, etc., etc. » *id. ibid.*

2. «... Prendas para cuja perfecta construccion y acierto se tomará la medida à cada individuo de por si, siempre que sea posible. » *Id., ibidem.*

1° Fonds de la première mise d'entretien (primera puesta de equipo);

2° Fonds des grands effets de vêtement et d'équipement (prendas mayores de vestuario y équipo);

3° Versements des hommes à la masse des *prendas mayores*;

4° Fonds particuliers ou arbitraires (fondos particulares o arbitrarios).

A son entrée au régiment, tout fantassin espagnol reçoit une masse individuelle de 40 francs entretenue par une prime journalière de quelques centimes retenus sur sa solde [1].

C'est sur cette masse que l'homme de troupe reçoit les articles de *petit habillement* tels que le bonnet de police, le pantalon, les guêtres, les souliers, les alpargates, les chemises, les mouchoirs, les caleçons, les faux-cols, les gants (en coton vert pomme), l'outre en peau qui lui sert de bidon, la petite gamelle. Ces effets sont sa propriété.

Tous les trois mois, le décompte de la masse individuelle est arrêté par les soins du trésorier et payé immédiatement à l'homme.

Les fonds destinés à l'achat des effets de grand habillement se composent des sommes allouées par l'Etat à la caisse des *prendas mayores*, à raison de 15 francs environ par tête et par an, d'un versement annuel de 5 francs effectué par les soldats, de la solde

1. Le soldat espagnol touche par jour 59 centimes decomposés comme il suit :

24 centimes d'*avoir* (haber);

25 — de supplément (sobre-haber).

intégrale des travailleurs en ville ou punis de prison, du produit des vieux effets.

Le grand habillement comprend le shako appelé *ros* du nom de son inventeur le général Ros de Olano, la capote, la tunique, le havresac, la cartouchière et le ceinturon.

Les fonds *particuliers* ou *arbitraires*, dans le genre de ce que l'on appelle communément dans nos régiments d'infanterie la *masse noire*, constituent une caisse spéciale formée avec les économies effectuées de ci et de là sur les ordinaires, l'habillement et en général sur tous les marchés passés par le corps. Encore que de nombreuses circulaires ministérielles ou royales aient interdit d'une façon absolue la formation de ces caisses secrètes, c'est là une institution ou plutôt un abus difficile à déraciner.

Le tableau de la page suivante donne la solde annuelle du soldat espagnol y compris les allocations de la masse et des *Prendas mayores*.

Nous terminerons ce chapitre en disant quelques mots des écoles régimentaires.

Les *écoles régimentaires* comprennent, en Espagne, trois sortes de cours : 1° l'école faite dans la compagnie pour les simples soldats ; 2° les trois écoles suivies par les élèves-caporaux, les caporaux, les sous-officiers ; 3° les écoles suivies par les officiers. On donne le nom général d'*Académie* aux cours de la deuxième et de la troisième espèce.

A l'école du premier degré faite dans les compagnies, on enseigne à l'homme la lecture et l'écriture, les principes de la morale et de la religion chrétiennes, les

ARMES ET ÉTABLISSEMENTS MILITAIRES.	CAPORAL DE 1re CLASSE Musicien de 3e classe. Clairon ou Trompette		CAPORAL DE 2e CLASSE.		SOLDAT DE 1re CLASSE.		SOLDAT DE 2e CLASSE Elève musicien, musicien, maréchal-ferrant forgeron.	
	Pésètes[1]	Centimes	Pésètes	Centimes	Pésètes	Centimes	Pésètes	Centimes
INFANTERIE								
Régiments de ligne.	327	24	297	24	273	24	261	24
Bataillons de chasseurs.	342	24	312	24	285	24	273	24
ARTILLERIE.								
Régiments à pied.	344	76	314	76	287	76	275	76
Régiments montés ou de montagne . . .	355	92	325	92	361	92	289	92
GÉNIE								
Régiments de sapeurs-mineurs.	344	76	314	76	287	76	275	76
Régiment monté.	355	92	325	92	301	92	289	92
CAVALERIE								
Lanciers, Remontes, Dépôt, Etabl. central.	349	92	319	92	295	92	283	92
Chasseurs, escadrons de réserve	348	72	318	72	294	72	282	72
Hussards.	351	12	321	12	297	12	285	12
Troupes d'administration.	327	24	297	24	273	24	261	24
Troupes du Corps de santé.	312	24	282	24	255	24	243	24

1. Peseta = 4 réaux = 1 franc 05 environ.

éléments d'arithmétique et ceux de la grammaire espagnole.

L'école du premier degré se fait en général de midi à deux heures, dans une grande salle disposée à cet effet, munie de tables avec encriers, papier et plumes. Au mur sont accrochés les divers tableaux usités dans nos écoles primaires, depuis les premières notions de la lecture, jusqu'aux figures représentant les poids, les mesures de longueur, de quantité, capacité, etc. Chaque soldat est porteur du mouchoir du commandant français X..., représentant les diverses parties de l'armement, de l'équipement, etc.

La première *Académie* dite « Ecole des soldats aspirants caporaux » est à la charge d'un lieutenant ou sous-lieutenant assisté de deux caporaux intelligents et déjà instruits. On y enseigne la lecture et l'écriture, les principales lois pénales, les obligations du caporal et du soldat, ce qu'on entend par « honneurs militaires », la manière de reconnaître les rondes, le détail du fusil et son entretien, l'école du soldat, la rédaction de rapports sommaires, l'établissement de situations de prise d'armes.

La deuxième académie, dite des « caporaux », est dirigée par un lieutenant aidé de deux sergents. Le programme de ce second cours comprend : les notions enseignées à la précédente école, les devoirs du sergent, les devoirs d'un chef de poste, le complément des honneurs militaires déjà vus plus haut, l'école des guides, la comptabilité sommaire d'une compagnie, des notions de grammaire, d'histoire et de géographie.

Le programme de l'académie des sergents, confiée à un adjudant-major, embrasse, outre l'ensemble des connaissances précédentes, les matières suivantes : devoirs des sous-lieutenants, devoirs généraux des officiers, service de garnison, service en campagne, fortification improvisée. Devoirs des secrétaires aux conseils de guerre. Ecoles de compagnie, de tirailleurs, de bataillon.

De plus, les sergents-majors ajoutent à ce programme des éléments de géométrie plane, d'histoire d'Espagne et de fortification de campagne.

Dans chacune de ces académies a lieu chaque année un concours à la suite duquel les premiers classés reçoivent, en commençant par le numéro 1, une médaille d'argent s'ils sont sous-officiers, de bronze s'ils sont caporaux, le numéro 2 un livre, le numéro 3 une mention honorifique.

Les écoles d'officiers se décomposent en cours (*academias*) et en conférences (*conferencias*).

Le programme de l'académie des lieutenants et sous-lieutenants (*subalternos*) comprend : les obligations du capitaine, l'école de brigade, le détail de la comptabilité du bataillon, l'histoire militaire d'Espagne, la géographie, la géométrie, l'étude des armes à feu portatives, la fortification de campagne, les règles pour les instructions judiciaires et la défense des accusés, l'art militaire.

Pour les capitaines (*academia de capitanes*) les matières étudiées sont : les devoirs du chef de bataillon, du lieutenant-colonel et du colonel, l'école de division, les ordonnances générales de l'armée dans toute leur extension, l'organisation de l'armée espagnole, l'administration générale des corps de troupes, l'armement, l'équipement, l'habillement, la justice militaire.

Il existe pour les académies d'officiers, comme pour celles de la troupe, des concours où le premier des lieutenants ou sous-lieutenants remporte une médaille d'or. Le capitaine primé avec le numéro 1 reçoit une épée d'honneur, le numéro 2 une médaille d'or avec diplôme, le troisième des cartes topographiques ou un instrument de mathématiques.

Les *Conférences* diffèrent des Académies, en ce que les matières qu'on a coutume d'y traiter sont plus générales, qu'elles portent sur des points s'écartant parfois largement des sciences militaires pures, qu'elles ont un but non pas tant didactique absolu que récréatif. Les *Conférences* ont plus d'un point de ressemblance avec les entretiens du soir de la *Réunion des officiers* de Paris; c'est une création récente du général Ceballos.

Sous le rapport de l'instruction et des travaux intellectuels, il faut reconnaître que la fin de la dernière guerre civile a été le signal dans l'armée espagnole, d'un mouvement signalé vers les études professionnelles.

Outre les casinos militaires, institution d'hier, dans lesquels les officiers aimant le travail trouvent des livres et entendent des conférences, dans la plupart des casernes il existe aujourd'hui des salles de cours et de travail, des bibliothèques. A Barcelone, dans la caserne de la citadelle, ces salles sont confortablement aménagées et suffisamment vastes; de même à Valence, à Pampelune, à Madrid.

Les reliefs d'ouvrage, profils de fortification, dessins

graphiques et topographiques qui ornent déjà les murs, attestent l'émulation des élèves et donnent la preuve que de notables efforts ont été tentés.

Les bibliothèques sont convenablement fournies de livres dont la plupart sont français. On y trouve les principaux ouvrages sur la guerre de l'indépendance (1808), les dernières productions françaises et allemandes mises au jour depuis 1870, les ouvrages du général Brialmont, enfin des cartes, dont la plus belle est celle de l'Espagne au 1/50,000 publiée par l'Institut Géographique de Madrid.

Il se dégage, en somme, de l'examen de ces derniers détails, l'idée d'une armée qui travaille, d'un corps d'officiers bien décidé à ne pas rester en arrière sur ses compagnons d'armes des autres nations européennes.

CHAPITRE XI

La question du tir dans l'intérieur des régiments d'infanterie. — Le fusil. — La balle. — Le tir dans les chambres. — Appareils de M. Cantérac. — Les manœuvres. — Les musiques. — L'ordinaire de la troupe.

Armement de l'infanterie espagnole. — L'infanterie espagnole est armée, ainsi qu'on le sait, d'un fusil système Remington provenant de deux sources différentes. L'un, dit Remington espagnol, est construit dans la Péninsule, à Oviédo, l'autre est fabriqué en Amérique.

Ces deux armes tirent la même cartouche et sont, à vrai dire, la même; cependant, elles ne sont point identiques. Les principales différences sont les suivantes :

DIMENSIONS DE L'ARME.	FUSIL ESPAGNOL.	FUSIL AMÉRICAIN.
Longueur du canon............	940mm,00	892mm,00
Id. de la partie rayée.....	872 08	824 00
Profondeur des rayures	0 20	0 15
Longueur totale avec la baïonnette	1861 00	1824 00
Poids de l'arme {avec la baïonnette	4kg,575 gr.	4kg,600 gr.
Poids de l'arme {sans la baïonnette	4 075	4 200

La balle est cylindro-ogivale ; elle porte à sa base un évidement intérieur de 4mm,5 et sur la partie cylindrique, quatre gorges, anneaux ou canaux d'une profondeur de 0mm,15 ; au culot de la cartouche le feu est communiqué à la poudre au moyen de deux évents.

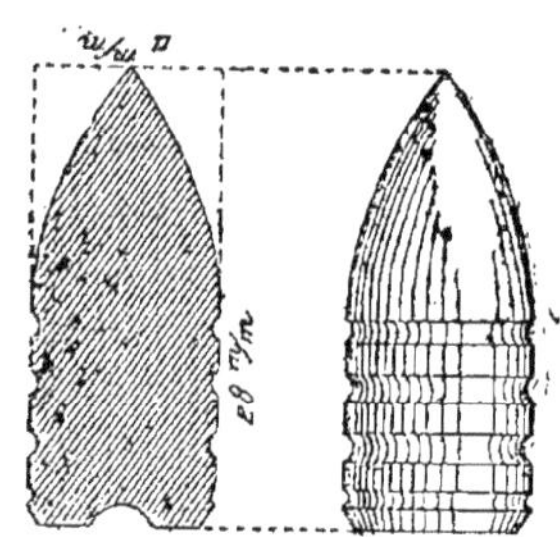

La vitesse initiale du projectile est de 410 à 420 mètres par seconde à la sortie du canon ; elle est toujours un peu plus forte dans le modèle américain ; le recul est de 2m,5 environ.

Le Remington, dont se sont servi nos troupes pendant quelques mois en 1871 est bien connu en France, aussi n'insisterons-nous pas sur une arme que la plupart de nos camarades ont eu l'occasion de voir de près.

Nous donnerons seulement ici les résultats suivants, résumé d'expériences faites l'année dernière à Tolède par le lieutenant-colonel Gallardo commandant de l'Ecole centrale de tir de Tolède.

Les dérivations constatées aux distances entre 300 et 1.400 mètres donnent les chiffres suivants :

DISTANCES	DÉRIVATIONS	DISTANCES	DÉRIVATIONS
300 mètres	0 mèt. 006	900 mètres	0 mèt. 518
400	0 022	1.000	0 789
500	0 049	1.100	1 155
600	0 102	1.200	1 636
700	0 189	1.300	2 253
800	0 323	1.400	3 030

Pour la justesse, le rayon du cercle contenant le 50 pour cent des coups est, aux diverses distances et en centimètres.

DISTANCES EN MÈTRES	RAYON DU CERCLE CONTENANT 50 0/0 des coups, en c/m.	DISTANCES. EN MÈTRES	RAYON DU CERCLE CONTENANT 50 0/0 des coups, en c/m.
100	7	900	118
200	13	1.000	150
300	21	1.100	191
400	29	1.200	243
500	39	1.300	307
600	52	1.400	386
700	71	1.500	483
800	92	1.600	605

Au contraire, le pour cent des points d'impact dans un cercle de rayon variable a été le suivant :

RAYON DU CERCLE EN MÈTRES	POUR CENT	RAYON DU CERCLE EN MÈTRES	POUR CENT
0.10	0.7	1.10	56.8
0.20	2.7	1.20	63.1
0.30	6.0	1.30	69.0
0.40	10.5	1.40	74.3
0.50	15.2	1.50	79.0
0.60	22.1	1.60	83.0
0.70	28.8	1.70	86.5
0.80	35.8	1.80	89.4
0.90	43.0	1.90	91.8
1.00	50.0	2.00	93.7

Enfin les dispersions verticales et horizontales sont consignées ci-après :

DISTANCE EN MÈTRES	DISPERSION verticale en c/m.	DISPERSION horizont. en c/m.	DISTANCE EN MÈTRES	DISPERSION verticale en c/m.	DISPERSION horizont. en c/m.
100	8	8	900	112	89
200	15	15	1.000	132	101
300	24	24	1.100	162	119
400	33	32	1.200	201	139
500	45	41	1.300	247	158
600	59	52	1.400	306	180
700	75	63	1.500	4[illegible]0	201
800	95	74	1.600	501	224

Sous l'angle maximum d'environ 30 degrés, la portée du fusil espagnol varie entre 2,800 et 3,000 mètres; la portée efficace est de 1,500 à 1,600 mètres et l'on construit actuellement une hausse qui portera un cran de mire de 1,400 mètres.

Instruction du tir. — L'Espagne ne possède aucun champ de tir d'une étendue considérable. Les feux à des distances dépassant 600 mètres sont donc à peu près inconnus[1].

Il est attribué à chaque soldat d'infanterie une somme de 100 cartouches à balle, à dépenser annuellement. A chaque séance de tir, le soldat brûle 5 cartouches. Les cibles, rectangles de $1^m,60$ de hauteur sur

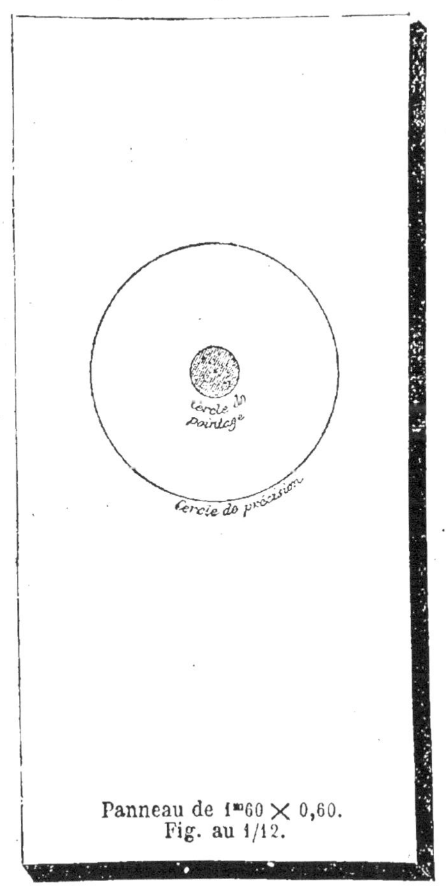

Panneau de $1^m60 \times 0,60$.
Fig. au 1/12.

0,60 de large, portent en leur centre deux circonférences concentriques tracées à l'encre noire. L'une,

1. Qu'on n'oublie pas que ces notes ont été écrites en 1881.

intérieure, dite *circonférence de pointage*, sert au soldat de point de mire; la seconde, appelée *cercle de précision*, détermine la zone à atteindre pour que le coup soit réputé bon.

Les dimensions des cibles et le diamètre des deux circonférences sont déterminés par le tableau suivant :

DISTANCES	CIBLES	DIAMÈTRE de la circonférence de pointage en centimètres	DIAMÈTRE du cercle de précision en centim.
m.			
100	1 cible de 0^m 60 c/m carrés.	12	2
200	1 de 0.60 de base sur 1 m. de haut	23	4
300	1 de 0'60 » » 1,60 »	35	6
400	2 — —	45	8
500	3 — —	52	10
600	4 — —	65	12
700	4 — —	76	14
800	5 — —	86	16
900	5 — —	102	18
1.000	6 — —	115	20

Cinquante balles sont brûlées à ces diverses distances; vingt autres sont tirées aux portées de 200, 400, 600, 800 et 1,000 mètres, à raison de 4 par séance. Enfin les trente cartouches qui demeurent encore entre les mains des hommes sont utilisées dans les feux tactiques (*fuegos tacticos*), quinze dans les feux de tirailleurs, cinq dans les feux de salve d'escouade, cinq dans les feux à distance inconnue, cinq dans les feux rapides.

En outre de ces divers tirs, il faut compter encore les feux sur but mobile, qu'on fait exécuter aux meilleurs tireurs de chaque compagnie avec les cartouches d'économie : ces cartouches sont celles que n'ont pu tirer certains hommes par suite d'absence, maladie, etc.

Sur le terrain, le tir a lieu, à fort peu de chose près, comme en France. Les marqueurs, choisis dans une des compagnies qui ne tirent pas, sont placés au pied des cibles, à raison de deux par chaque abri ; on leur adjoint un caporal.

Le fanion élevé verticalement indique que la balle est dans le cercle de précision : incliné à droite ou à gauche, il veut dire que la balle a frappé la cible, mais en dehors de la circonférence de précision. Le point d'impact n'est jamais signalé d'une façon plus précise.

Le tireur, aussitôt son coup parti, doit indiquer à haute voix si sa balle a porté à droite ou à gauche, en haut ou en bas.

Tir dans les chambres. Tir réduit. — L'instruction du tir dans les chambres est, en Espagne, l'objet de soins attentifs, l'on y attache une importance réelle et un officier d'artillerie, don José de Cantérac, a construit pour cette instruction un matériel ingénieux.

Le chevalet de tir servant à tracer pratiquement la trajectoire, à tous les exercices où le fusil doit être maintenu d'une façon fixe se compose d'une colonne métallique creuse *A B* (voir la fig.) dont les parois à jour *b b* permettent de voir un fil destiné à déterminer la verticale. Cette colonne repose sur une plaque également en fonte *C D* carrée, portant dans ses quatre angles des vis *d d* permettant de fixer l'appareil au sol d'une façon stable.

La partie supérieure du fût porte une cavité ou matrice dans laquelle s'ajuste un pivot *g* maintenant le système *m n* destiné à recevoir le fusil. Ce pivot tourne dans le sens horizontal et la griffe *o* qui fixe l'arme

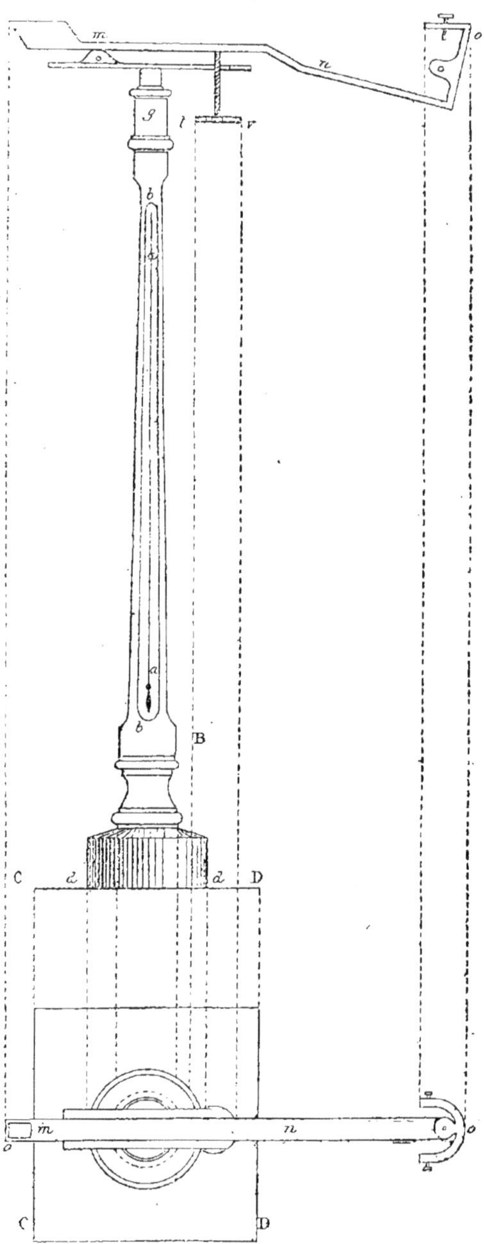

Chevalet de tir Cantérac.

s'élève ou s'abaisse sur l'horizon au moyen d'une vis de rappel *Y*.

Les *centradorès* (centreurs, machines à centrer) sont de petits instruments avec lesquels on montre pratiquement au soldat la ligne de tir.

Ce sont des tubes en laiton, longs d'environ deux centimètres et du diamètre de la cartouche : le premier, fermé à sa base et portant au centre de cette base un trou de 1 millimètre de diamètre, s'ajuste à l'arrière du canon, le fusil ayant été armé au préalable. Le se-

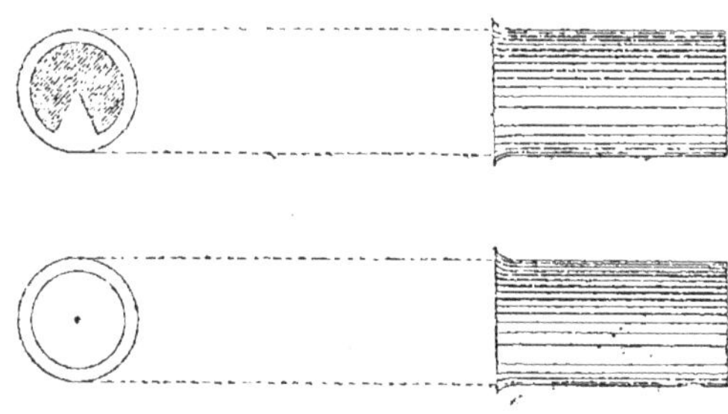

Centreurs Canterac

cond s'introduit à la bouche du canon. La base de ce dernier cylindre a été découpée de manière à présenter la forme d'un triangle isocèle adhérant au tube par un de ses côtés (Voir la fig.) Le sommet opposé à ce côté coïncide avec l'axe du cylindre et celui du canon.

Le fusil étant placé sur le chevalet, et muni de ses *contradorès*, l'homme, auquel on a fait prendre la position du tireur, fait passer un rayon visuel par le petit trou du centreur plein, à l'entrée du canon, et par le sommet intérieur du centreur antérieur. Il suit ainsi exactement la ligne parcourue par le centre de gravité du projectile dans le canon.

En outre du chevalet et des « centradorès », M. Cantérac a imaginé une série d'instruments : 1° Pour le moulage d'une petite balle sphérique destinée au tir dans les chambres; 2° Pour la confection des cartouches employées dans ce tir ; 3° enfin pour la réfection des cartouches de guerre et leur chargement dans l'intérieur des régiments d'infanterie.

Le tir dans les chambres, dit tir réduit (*tiro reducido*), s'effectue au moyen de l'étui à cartouche de guerre, d'une charge de 4 décigrammes de poudre et d'une balle sphérique du calibre de la balle cylindro-conique, mais du poids de 8,1 grammes. 200 de ces cartouches sont attribuées annuellement à chaque homme.

Le tir dans les chambres, ainsi pratiqué, a donné jusqu'ici des résultats satisfaisants et il est fort apprécié tant des officiers que des soldats.

Le tableau suivant nous donne la précision du tir réduit aux distances variant entre 15 et 40 mètres.

Distances en mètres	15	20	25	30	35	40
Rayon du cercle contenant la totalité des points d'impact exprimé en centimètres	6	8	11	15	21	28

Ces résultats sont donc bien supérieurs à ceux que nous obtenons en France avec notre *tir au tube.*

Les manœuvres.—Il est inutile et peu intéressant de s'arrêter sur le règlement de manœuvres actuellement en usage dans l'armée espagnole. *L'ordre dispersé,* tel qu'il est étudié et pratiqué en Allemagne et en France, y est de tous points inconnu, le bataillon est encore à 6 compagnies, et bien qu'on fasse à Madrid, des expériences sur la compagnie de 250 hommes, rien n'est encore adopté dans ce sens. Les diverses écoles du soldat, de la section, du peloton, sont toujours les antiques règlements dus il y a trente ans, au vieux maréchal Concha (le marquis del Duero) : ils ne sont plus en rapport avec les modifications qu'ont introduites dans la tactique, les armes à petit calibre [1].

Dans les manœuvres à rangs serrés, le fantassin espagnol met une énergie, une attention, une précision que l'on chercherait en vain parmi nos hommes. Mieux vêtu que notre soldat, plus grave, avec un air plus rassis, car la plupart portent leur barbe, le soldat espagnol a dans le rang l'aspect imposant et donne l'idée d'une troupe solide.

En général, dans tous les mouvements, apparaît une précision qu'on pourrait appeler prussienne, s'il ne s'y mêlait une agilité toute méridionale.

Il est incontestable qu'ainsi *enlevés*, ces mouvements n'aient à l'œil beaucoup plus d'apparence que les nôtres.

Dans la plupart des mouvements du règlement du maréchal Concha, le tacticien a évidemment cherché plutôt l'effet à produire au dehors, que la raison et surtout une pratique rationelle. Un exemple. On sait que dans les conversions d'un peloton en marche par le flanc, il est fort difficile d'obtenir que l'homme du pivot, après avoir conversé, se dirige dans une direction bien perpendiculaire à celle qu'il vient de quitter. Ce résultat négatif provient sans doute de ce que la file de tête et successivement chaque file changent de direction

1. Depuis que ces lignes ont été écrites, l'armée espagnole a été dotée d'un règlement de manœuvres en concordance avec les traités de même genre en usage dans les autres armées européennes. — La *Revue militaire de l'étranger* a rendu compte en détail de ce nouveau recueil d'exercices.

en *décrivant un petit arc de cercle*, suivant le mot du règlement, et qu'il n'est pas aisé au soldat du pivot, qui conserve la tête directe, de connaître l'instant précis auquel aura fini son angle de 90 degrés. La conversion par file se fait autrement en Espagne. Arrivé au point où il doit changer de direction, l'homme du pivot fait brusquement à droite où à gauche et se jette à la même allure dans la nouvelle direction, pendant que l'aile marchante allonge le pas sans modifier la cadence. On arrive de cette manière à un résultat certainement supérieur au nôtre, au moins en apparence.

En général, il est facile de reconnaître qu'une réglementation plus minutieuse a présidé aux moindres détails de l'ordonnance. Dans le maniement d'armes, par exemple, nombre de mouvements qui s'exécutent en Espagne, à une cadence réglée, sont libres cheznous : tels le mouvement de mettre l'arme à la bretelle, celui de reprendre la position du port d'armes, etc.

Instruction des recrues.—L'armée espagnole a mis en essai tout récemment le système de l'instruction des recrues par compagnie, mais ce mode emprunté aux Allemands, n'a pas donné de bons résultats. Il est à remarquer d'ailleurs que l'instruction par compagnie, ne pourra, à première vue, produire de satisfaisants effets, tant que le cadre des capitaines espagnols sera aussi faible qu'il l'est actuellement.

Le système auquel on s'est arrêté en ce moment consiste à former des classes de 25 à 30 recrues, auxquelles on attache un lieutenant et un sous-lieutenant : un capitaine choisi par le lieutenant-colonel a la surveillance de l'ensemble des classes.

Il faut remarquer à ce sujet combien sont employés fréquemment et avec un luxe qui nous paraîtrait ici inutile, les officiers de tous grades. Il faut pour expliquer cet état de choses, se rappeler que les six compagnies (y compris les deux compagnies du dépôt) des bataillons d'infanterie sont fondues la plupart du temps en quatre; qu'encore avec cette fusion, les effectifs des hommes sont plus que minimes et que le nombre des officiers est toujours considérable, qu'enfin, il est difficile de former plus d'une compagnie de manœuvre avec les six unités du bataillon.

Si l'on songe que le régiment a deux bataillons, que chaque bataillon possède un lieutenant-colonel, deux commandants (quelquefois trois), six capitaines (sans compter l'adjudant-major), vingt lieutenants, sous-lieutenants, surnuméraires ou « abanderados » et environ 200 hommes, on reconnaîtra qu'il est urgent d'occuper un cadre d'officiers qui, s'il ne marchait qu'à son tour, comme nous disons en France, oublierait vite son métier.

Les musiques.—Les musiques souffrent de la même crise qu'en France, c'est-à-dire qu'en même temps que diminue le temps à passer par les hommes sous les drapeaux, s'augmente la difficulté de former des musiciens.

Les tambours ont été supprimés dans l'armée espagnole par décret du 7 août 1873 et les clairons remplacés par des cornets à piston. En outre des cornets formant la fanfare des divers bataillons, chaque lieutenant-colonel dispose d'un musicien clairon dit d'ordonnance, qui ne sert qu'à transmettre les ordres soit aux cornets, soit à la musique.

L'ordinaire de la troupe.—La nourriture du soldat espagnol se compose du pain de munition fourni par l'Etat et du *rancho* comprenant l'alimentation quotidienne en soupe, viande, légumes, etc., ce que nous appelons l'*ordinaire*. Deux systèmes sont employés pour la confection du *rancho*. Dans certains régiments, un *contratista*, un gérant, se charge de nourrir les hommes, moyennant tant par jour et d'après un menu donné. Ce système, qui a l'avantage de supprimer les cuisiniers, pèche par tant d'autres côtés qu'il n'est que rarement suivi. La seconde méthode, la plus usitée, consiste à passer des marchés avec des fournisseurs qui s'engagent à délivrer à des prix fixés d'avance les denrées spécifiées dans le traité : c'est le système de nos commissions des ordinaires.

Les marchandises sont prises au magasin du fournisseur et délivrées, sur un bon signé du capitaine, à l'officier de semaine — ordinairement le porte-drapeau (abanderado) — et au caporal d'ordinaire, en présence de deux soldats. Elles sont alors portées au quartier et enfermés dans un local dont la clé ne doit que momentanément quitter la poche du capitaine de garde au poste de police. Cet officier doit être présent toutes les fois que les denrées sont remises au cuisinier, et pendant la cuisson des aliments, l'alférèz de garde veille à ce que personne ne franchisse le seuil des cuisines.

Chaque compagnie fournit deux cuisiniers qu'on ne relève jamais dans certains régiments et qui, dans d'autres corps, sont au contraire, changés toutes les semaines.

En Espagne, le prix des denrées varie suivant les provinces, d'une façon démesurée.

Voiçi quelques prix moyens extraits du carnet d'un officier du génie [1] :

Pommes de terre..........	1,08 l'arroba [2]
Pois chiches (garbanzos)...	0,20 la livre.
Haricots (habichuelas).....	0,14 »
Riz	0,19 »
Macaroni................	0,18 »
Lard	0.69 »
Porc......................	0.50 »
Tripes.	0.28 »
Bœuf......................	0,40 »
Morue.....................	0,35 »
Huile.....................	1,25 le litre.
Vin.......................	0,39 »
Saucisson (chorizo)........	0,21 la pièce.

Le soldat verse à l'ordinaire 35 à 40 centimes qui suffisent largement à son entretien.

Voici quelques menus établis pour une compagnie de 70 hommes, à raison de 35 centimes par jour et par tête, soit $\frac{35}{2}$ ou environ 17 centimes par homme pour chacun des deux repas.

Rancho au lard.

3 1/2 arrobas de pommes de terre à 1.08......	3.78
18 liv. de pois chiches à 0.20 l'une...........	3.60
6 » et quart de lard à 0.69..............	4.31
1/2 livre de piment à 0.60....................	0.30
1 » et demie de sel à 0.04...............	0.06
Condiments................................	0.20
	12.25=70×35/2

1. Ces chiffres ont été publiés dans le *Memorial de Ingenieros* par M. le capitaine du génie Cebollino.

2. Environ 12 kilogrammes.

Rancho au riz.

2 arrobas et demie de pommes de terre.	2.70
13 livres de riz........................	2.47
13 » de pois chiches...............	2.60
6 » de lard.......................	4.14
Safran et sel...........................	0.25
Condiments	0.09
	12.25

Rancho au macaroni

2 arrobas de pommes de terre...........	3.24
14 livres de pois chiches................	2.80
9 » et demie de macaroni..........	1.71
6 » de lard........................	4.14
1 livre et demie de sel................	0.06
Safran	0.15
Condiments.....................	0.15
	12.25

Rancho à la morue.

2 arrobas de pommes de terre..........	2.16
10 livres de pois chiches................	2.00
20 » de riz.........................	3.80
8 » de morue......................	2.80
1 litre de vinaigre......................	1.25
Safran et sel............................	0.18
Condiments..............................	0.06
	12.25

On remarquera que dans ces quatre menus différents il n'est pas fait mention une seule fois de viande fraiche et que ce sont là ce que l'on appelle en langage de caserne des *ratas*. A vrai dire, la soupe de pain et de bœuf, si chère à nos soldats, est là bas à peu près inconnue.

Le *Rancho* est sonné à 9 heures du matin et à 5 heures du soir.

Un moment auparavant, les cuisiniers de chacune des compagnies, conduits par le caporal d'ordinaire, portent dans la cour la marmite contenant la soupe et s'établissent sur une sorte de ligne de bataille à intervalle de front de compagnie. Le caporal d'ordinaire tient à la main une cuillère et un linge semblable à nos serviettes à thé, pour le cas où le capitaine voudrait goûter le rancho.

Les compagnies sortent des chambres et se forment par le flanc, face et perpendiculairement à la ligne tracée par les cuisiniers. Au coup de langue du clairon, la distribution commence. Dans chaque compagnie, la première file se porte en avant, le caporal remplit les

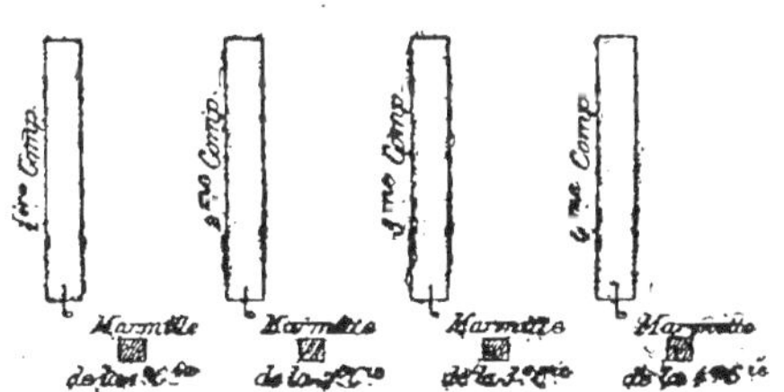

gamelles en commençant par l'homme de droite, puis les quatre hommes rompent les rangs : l'opération se pratique de la même manière jusqu'à la dernière file.

Dans plusieurs corps on a essayé de faire manger les soldats à l'intérieur des bâtiments dans des chambres transformées au préalable en salles à manger, mais toujours on s'est heurté à la mauvaise volonté des hommes, qui préfèrent demeurer dehors, dans les cours.

Au moment du rancho, on les voit se réunir par groupes de 4, 5 et 6 et s'accroupir en cercle, les genoux ployés. Au centre du petit cénacle sont les gamelles des 4 ou 5 compagnons de table, contenant en général autant de menus qu'il y a de compagnies; ces gamelles sont vidées l'une après l'autre, en commun, et apportent au repas une variété fort appréciée du soldat espagnol.

En somme, ce qui frappe, dans tout ce qui touche à la question des ordinaires en Espagne, c'est le soin constant, la sollicitude éveillée non seulement des commandants de compagnie, mais encore de leurs subalternes. Tous ces officiers ne se préoccupent pas seulement de faire vivre leurs subordonnés, ils s'efforcent de les faire vivre avec une certaine abondance, je dirai presque avec luxe. Le fait est d'autant plus curieux à constater, que l'espagnol est, sans conteste, le soldat le plus sobre de l'Europe, le seul, assurément, qui en campagne, avec un oignon et un verre de vin, fera sans sourciller, les plus accablantes étapes.

CHAPITRE XII

Considérations générales. — Les Directions générales d'armes. — L'avancement. — Le dualisme. — Les récompenses. — La discipline et le salut. — La vie des officiers. — Les casinos. — Les conférences de district. — La presse militaire. — Conclusion.

Il est impossible de ne pas apercevoir dans l'armée espagnole, si peu qu'on la fréquente, les points saillants qui la distinguent nettement des autres armées européennes.

Le premier de ces traits est la constante immixtion de généraux dans la politique militante du pays, immixtions grâce à laquelle est entretenu dans l'armée un élément perpétuel de dissensions. Il est de règle, par exemple, que l'entrée dans le cabinet d'un nouveau ministre de la guerre est un signal de démission pour tous les généraux d'opinion notoirement opposée. Quand, à la fin de 1879, le ministre Martinez Campos fut renversé, alors que le nouveau titulaire du portefeuille de la guerre, marquis de Fuentefiel, essaya de refuser certaines démissions de généraux commandant des capitaineries générales, ce fut au Sénat un *tolle* général où l'on nia au ministre le droit de refuser ces démissions.

Un des points les plus controversés de l'organisation militaire de l'Espagne, — je dis controversés dans le pays même, — est l'institution des *Directions générales.* Les directeurs généraux, dont il existe autant que d'armes, ainsi qu'on l'a vu, sont autant de petits ministres sous le véritable, une série de sous-secrétaires d'Etat, qui sans avoir une grande responsabilité, demeurent en réalité des maîtres omnipotents. Les adversaires de ce système lui reprochent d'entraver à chaque instant l'action du ministre et de l'annihiler dans bien des circonstances. Chaque arme vivant ainsi à part s'enfonce de plus en plus dans sa solitude; partant l'homogénéité vers laquelle devraient tendre ces diverses branches d'un même corps diminue chaque jour, au grand détriment de l'intérêt général ; ce sont autant de petites églises où chacun veut être suprême pontife et dans lesquelles l'ingérence du ministre est toujours très mal reçue.

Les partisans du système en vigueur prétendent que la division du ministère de la guerre entre les rameaux qui le scindent actuellement, est favorable à l'expédition rapide des affaires. Ils disent encore que chaque arme ayant un caractère privé doit posséder son administration particulière et sa façon d'agir spéciale. Ils ajoutent que le bon fonctionnement des affaires militaires est ainsi à l'abri des commotions politiques, et que, grâce à cet état de choses où le ministre *règne et ne gouverne pas,* le portefeuille de la guerre peut changer chaque jour de mains sans aucun inconvénient.

Évidemment, il y a là du pour et du contre, et nous ne tenterons pas de trancher cette délicate question.

Un autre trait caractéristique de l'armée espagnole est le nombre d'officiers introduits dans les corps de troupes à la suite des guerres civiles qui depuis le commencement du siècle, ont presque sans interruption, désolé ce pays.

On a parlé quelquefois d'une révision des grades qui éliminerait de l'armée tout ce qui s'y est glissé d'une façon non légale; mais comment tenter aujourd'hui une telle opération.

Cette mesure, dans l'état actuel des choses, demeure, il faut bien le dire, d'une impossible réalisation, et la présentation aux Chambres d'une proposition de cette nature jeterait une perturbation singulière dans une armée à peine remise de terribles secousses.

Quoiqu'il en soit, par suite de la multiplicité des grades accordés à certaines époques, par suite des gros effectifs nécessités au temps de la guerre civile, effectifs qu'il a fallu diminuer ensuite, l'avancement se trouve actuellement retardé. De là est né un certain découragement et de là aussi, le développement de cet esprit d'aventure qui fait toujours entrevoir dans quelque secousse politique l'élévation au grade supérieur[1].

C'est pour remédier sans doute à cet état stationnaire de l'avancement que l'on a imaginé ce que l'on appelle en Espagne : le dualisme.

1. Vayò, dans son histoire de Ferdinand VII, attribue à notre intervention en Espagne, en 1808, la cause des révolutions qui, depuis, ont constamment déchiré la péninsule. « Este grandioso espectáculo, dit-il (celui du soulèvement général de l'Espagne contre Napoléon), que á pesar de sus manchas dilata el espiritu que lo contempla y agranda la imaginacion, es un monumento de gloria para nuestra patria. Pero, de aquella fragua ardiente salieron todos los males que nos han devorado : en ella recibieron vida las facciones, en ella se crearon los gefes de los bandos turbulentos que no han

Le dualisme est le système d'avancement qui permet à un officier de posséder, outre son grade réel, un et même deux grades honoraires supérieurs. Nous avons, par exemple, sous les yeux un ouvrage d'un officier du corps des Ingénieurs dont voici le titre : Histoire universelle, dédiée aux armées d'Espagne et de Portugal, par le *colonel* gradué *lieutenant-colonel* d'armée, *commandant* d'Ingénieurs, D. Honorato de Saleta y Cruxent. En réalité, M. de Saleta est un chef de bataillon du génie [2].

Ce que nous appelons en France le *grade*, c'est-à-dire une dignité hiérarchique intimement liée à l'individu, inamovible, comportant certains devoirs, donnant certains droits, honneurs et prérogatives, porte en Espagne le nom de *empleo*, emploi [3].

cesado de hacerse la guerra; alli tuvó origen el espiritu anárquico que se ha apoderado de las masas; la fortuna de los guerilleros arrastró á hombres osados á levantar otros estandartes, y aficionóse la plebe á ese amor á la vida aventurera, tanto mas peligroso cuantos mas encantos encierra en si, porque envuelve en su misterioso porvenir un cadalso ó una faja de general.

« . . . . El levantamiento de España, justo y glorioso como fué, parecióse á una de esas grandes tempestades, que si riegan algunos campos sedientos, tambien forman torrentes que todo lo devastan ». VAYÓ, Historia de la vida y reinado de Fernando VII de España Tomo primero, p. 185.

2. Ce livre me rappelle une anecdote assez plaisante. Quand M. de Saleta fit don de son Histoire universelle à la *Réunion des officiers* de Paris, l'officier chargé ici de rédiger la liste bibliographique des ouvrages entrés à la Réunion pendant la semaine, était absent. On avait momentanément confié ce travail à un soldat intelligent, mais pas assez au courant des langues étrangères. Ce brave garçon, effrayé de la longueur du titre du nouvel ouvrage, résolut de l'abréger, et le Bulletin du samedi suivant annonça, au grand ébahissement de ceux qui avaient eu en main l'ouvrage de M. de Saleta : « Histoire universelle, etc.. , par M. le colonel GRADUADO ». Le secrétaire avait pris l'adjectif GRADUADO (ayant grade de) pour le premier des noms de D. Honorato, et avait supprimé les autres. La rectification ne put avoir lieu qu'au Bulletin suivant. (Voyez Bulletin de la *Réunion des officiers*, année 1879, numéros 20 et 21).

3. En France *l'emploi* est une distinction établissant dans les *mêmes grades* la diversité des fonctions. Dans le grade de *sous-officier*, par exemple, on distingue le sergent, le sergent-fourrier, le sergent-major et l'adjudant. Personne n'ignore qu'un sergent peut être

Au contraire, chez nos voisins, le *grado*, le grade, est un *empleo* honoraire qu'on peut cumuler avec son *empleo* effectif. On peut recevoir ainsi un et même deux de ces *grados*, le second prenant le nom de double grade ou sur-grade, *doble-grado* ou *sobre-grado*.

Dans l'infanterie et la cavalerie, c'est-à-dire dans ce que l'on appelle en Espagne les armes générales, les officiers ne reçoivent en général que le *grado* simple. Ce *grado* simple est accordé soit pour une action d'éclat, soit pour un service exceptionnel, ou bien encore pour la publication d'un ouvrage remarquable. C'est, comme je l'ai dit, une distinction honorifique, hiérarchiquement sans prérogatives; cependant quand l'ancienneté appelle un officier à l'*empleo* supérieur et que cet officier est déjà en possession d'un *grado*, il prend rang dans son nouvel *empleo*, non pas du jour de sa nomination réelle, mais de celui auquel il a reçu le grade honoraire.

Expliquons cela par un exemple.

Un capitaine de cavalerie est gratifié le 15 novembre 1875, du *grado* (grade honoraire) de commandant; son ancienneté ne l'appelle à l'*empleo* (grade effectif) d'officier supérieur que le 1er janvier 1878. Il ne sera donc nommé chef d'escadrons que le 1er janvier 1878; seulement, *une fois promu*, au lieu de compter son ancienneté dans son nouveau grade du 1er janvier 1878, date de sa nomination réelle, il la comptera du 15 novembre 1875, date de sa promotion au grade honoraire.

C'est de cette manière qu'est tempérée la rigueur de

nommé sous-lieutenant tout aussi bien qu'un adjudant. Parmi les officiers, dans le grade de capitaine on distingue l'emploi d'adjudant-major, parmi les chefs de bataillon ou d'escadron l'emploi de major, etc.

l'avancement à l'ancienneté.—On voit en effet que grâce à ce système, un officier nouveau promu, peut se trouver au lendemain de sa nomination, en tête de la liste d'ancienneté de ses nouveaux co-gradés.

Dans les armes spéciales, la complication est d'un autre genre, les officiers d'artillerie, du génie, et de l'état-major peuvent recevoir des grades dits d'*armée*, qui leur donnent, en dehors de leur arme, une autorité et des prérogatives réelles, et en plus du *grado*, ils sont encore gratifiés de doubles grades particuliers.

Pour l'ancienneté, les doubles grades ne comptent point, cependant lorsqu'un officier possédant un grade et un double grade est promu à l'emploi supérieur et qu'il prend, comme il a été dit, dans son nouvel empleo, le rang que lui donne le grado de cet empleo, le double grade devient un simple grade et lui servira en cette qualité pour l'*empleo* supérieur.

J'expliquerai encore ceci par un exemple.

Un lieutenant du génie, obtient le 15 février 1878, le *grado* de capitaine et à la date du 10 mars 1880, *le doble grado* de commandant. — Le 15 janvier 1881 il est nommé capitaine du génie. — Il prendra rang immédiatement dans son nouveau grade le 15 février 1878, et son double grade de commandant, du 10 mars 1880 deviendra un grade simple datant du 15 janvier 1881 jour de sa nomination à l'*emploi* effectif de capitaine.

Le fait suivant dont l'authenticité m'a été garantie par plusieurs officiers espagnols, prouve quelles situations singulières peut amener parfois le dualisme.

Pendant la dernière guerre civile, à la suite de je ne sais quelle affaire livrée, je crois, près de Pampelune,

une colonne composée d'infanterie, de cavalerie et du génie, se retirait vers Victoria. Il y avait là un bataillon de troupes de ligne aux ordres d'un commandant d'infanterie, un peloton de chasseurs à cheval, et la compagnie du génie de l'un des corps qui avaient donné la veille, — cette dernière sous les ordres d'un chef de bataillon.

Au moment de se mettre en marche, l'on s'aperçut que le commandement en chef de la colonne revenait à l'un des capitaines du génie qui possédait outre le *doble grado* de lieutenant-colonel, le plus ancien *grado* de chef de bataillon d'armée. On vit donc en cette occasion, ce fait singulier, d'un capitaine ayant autorité sur son propre commandant.

Parmi les cent quarante capitaines du corps du génie actuellement en service tant dans la péninsule que dans les colonies, on en compte 90 ayant un grado ou double grade supérieur à leur emploi réel : dans ces 90 privilégiés, on trouve 13 colonels, 32 lieutenants-colonels et 45 commandants.

Le plus ancien capitaine du génie [1], compte son ancienneté du 5 avril 1873; il est lieutenant-colonel d'armée du 28 juin 1874 et colonel du 22 février 1876. C'est le plus âgé de tous ses collègues : il est né en 1839 et a servi dans l'infanterie avant de passer (en 1865) dans le génie.

Des 13 colonels ayant un double grade :

1 est né en 1839, 5 sont nés en 1844, 3 en 1845, 3 en 1847, 1 en 1850; ce dernier est donc colonel à trente ans.

Des 32 lieutenants colonels : 4 sont nés en 1840, 1

1, Tous ces chiffres sont établis à la date du 1er janvier 1881.

est né en 1841, 3 sont nés en 1843, 4 en 1844, 3 en 1845, 5 en 1846, 6 en 1847, 4 en 1848, 1 est né en 1849, 1 en 1857 ; ce dernier est donc âgé de 24 ans.

Sur l'uniforme, le signe distinctif de l'*empleo*, du grade effectif, est un certain nombre d'étoiles d'or ou d'argent, brodées sur le haut du bras pour les officiers subalternes, sur les parements pour les officiers supérieurs. Les officiers généraux portent en outre de certaines broderies aux parements, une ceinture spéciale appelée *faja*. On compte une étoile pour l'alférez, deux pour le lieutenant, trois pour le capitaine, deux pour le commandant, l'une en or, la seconde en argent, deux en or pour le lieutenant-colonel, trois en or pour le colonel.

Le *grado* se marque par un galon ou par plusieurs, larges d'environ un centimètre, placés en chevron allongé sur le haut du bras pour les officiers inférieurs et autour du parement pour les commandants, lieutenants-colonels et colonels. — C'est une étude à faire, quand on voyage en Espagne, que de s'habituer à distinguer sur les manches des officiers dont on veut reconnaître le véritable grade, les étoiles d'or des galons en chevron.

Outre les grades honoraires, le gouvernement espagnol dispose, pour récompenser les services militaires, de distinctions honorifiques nombreuses. Sans compter les médailles commémoratives créées après chaque campagne, il existe dans l'armée péninsulaire un nombre considérable de décorations :

1° La croix de Sainte-Herménégilde,
2° La croix de Saint-Ferdinand,
3° La croix de Charles III,

4° La croix d'Isabelle-la-Catholique,

5° L'ordre du mérite militaire, comprenant deux croix et six classes.

Ce sont donc, en réalité dix ordres de chevalerie, mis à la disposition du roi pour récompenser, encourager le mérite militaire.

Dans les académies militaires — nous en avons parlé déjà sommairement — les professeurs ont droit au bout de quatre années, au *grado* supérieur à leur *empleo* ; deux ans après l'obtention du *grado*, à une croix du mérite militaire ; enfin après deux autres années, à l'emploi correspondant au grado déjà obtenu [1]. Ils jouissent en outre d'un supplément de solde prélevé sur les fonds spéciaux de l'école [2].

Il est impossible de ne pas s'apercevoir, si peu que l'on se promène dans les rues ou sur les promenades, combien le *salut militaire* est tombé en désuétude et avec quelle négligence les officiers tolèrent ce manquement à la discipline.

En général, à grade égal, on ne se salue pas, et de plus, les officiers des armes spéciales ne saluent pas leurs supérieurs des armes générales : s'ils le font, c'est un petit salut de protection peu respectueux. Cette licence gagne petit à petit les soldats du génie et de l'artillerie, de telle sorte que dans la rue un officier n'est guère salué que par les soldats directement placés sous ses ordres. Un tel état de choses qui nous paraîtrait ici

1. Quand un professeur entrant en fonctions est déjà pourvu d'un *grado* il reçoit au bout de quatre ans la croix du mérite ; au bout de deux autres années l'*empleo* de son *grado* ; au bout de deux années encore, le *grado* de l'*empleo* supérieur.

1. Supplément mensuel : directeur (colonel ou brigadier) 100 pésètes; sous-directeur des études ou major, 75 pésètes; professeurs 50 pésetos, adjoints 37 pésètes 50.

intolérable, ne semble pas apprécié, en Espagne, avec l'importance qu'il mérite.

Ce n'est pas que le règlement soit muet sur la question du salut ou qu'il ait négligé d'en prescrire les formalités. D'après l'ordonnance, tout soldat qui rencontre un officier général doit s'arrêter, lui faire face et le saluer en inclinant légèrement la tête; il porte en même temps la main droite au shako et la laisse ensuite retomber brusquement le long du corps. Pour les officiers supérieurs ou subalternes et pour les sous-officiers, le soldat salue sans faire face ni incliner la tête.

Disons ici que pour le salut entre officiers, c'est l'*empleo* seul qui détermine les droits et les devoirs.

Il y a bien longtemps que la négligence relative au salut militaire existe en Espagne, car de 1843 à aujourd'hui, on compte plus de *cinquante* circulaires ministérielles, ordres royaux, décisions de directeurs généraux signalant la nécessité, à cet égard, d'une ponctualité qu'on n'a jamais obtenue.

En dehors de la caserne et des services commandés, l'officier espagnol jouit d'une liberté absolue. L'autorité supérieure ne s'occupe pas de savoir où il habite, comment il vit, ce qu'il fait; pourvu qu'il soit présent au quartier à l'heure prescrite et que son service soit exécuté, il peut en tous autres points, disposer de lui-même comme s'il n'était pas militaire.

La *vie de pension*, c'est-à-dire la table commune est, chez nos voisins, chose inconnue. Chacun prend, à cet égard, les dispositions qu'il entend, mange où il veut, ce qu'il veut ou ce qu'il peut, et bien que souvent, avec ce système, on rencontre tel sous-lieutenant n'ayant plus en poche, au lendemain de la solde, un sou vaillant, nos camarades d'outre-Pyrénées estiment les avantages de ce *modus vivendi*, bien au-dessus de ses inconvénients. L'officier espagnol est modestement rétribué, mais le bon marché de la vie dans toute la péninsule lui permet de vivre avec son traitement d'une façon honorable et presque large; souvent il mange là où il habite, partageant la table de son hôte comme un familier de la maison.

Depuis quelques années, l'institution des casinos militaires s'est peu à peu développée dons la péninsule et la plupart des grandes villes possèdent aujourd'hui un de ces établissements où les officiers de toutes armes trouvent un local commun pour se réunir, se connaître, échanger leurs idées. L'armée espagnole, plus qu'une autre, gagnera à ce frottement bienfaisant d'où sortira plus de cohésion, une estime mutuelle plus raisonnée, une fraternité plus sincère entre des éléments qui ne se connaissent peut-être pas suffisamment. Là, encore, sont installées des bibliothèques où les studieux peuvent se tenir au courant des publications nouvelles tant de l'intérieur que de l'étranger; là, aussi, sont des locaux pour les cours et les conférences; là, enfin, une salle à manger convenable pour les officiers qui veulent vivre en commun. Ces restaurants des casinos n'ont pas encore beaucoup d'adeptes, car l'institution est neuve et mal connue encore, mais, sans doute, ils rendront, d'ici peu, de véritables services aux officiers.

Il nous souvient, en parlant des bibliothèques des casinos, d'une création militaire nouvelle tout à fait particulière à l'Espagne, celle des conférences de district, instituées par décret du 21 novembre 1878. Ces conférences, cours scientifiques et spéciaux dirigés par un brigadier président et par un certain nombre d'officiers professeurs, sont destinées tant à compléter l'instruction des officiers sortant de l'académie, qu'à donner à ceux qui proviennent des rangs les connais-générales qu'ils peuvent ne pas posséder.

Les conférences de district consistent en cours publics faits par les officiers professeurs à un certain nombre d'officiers élèves détachés de leur régiment au centre du district pour une période de cinq mois. Il y a, par an, deux de ces périodes, l'une du 1er septembre au 30 janvier, la seconde du 1er février à la fin de juin. A la suite de ces cours, les officiers qui les ont suivis, reçoivent des notes, et il est tenu très sériesement compte de ce classement pour l'avancement; de plus, les premiers sur la liste jouissent d'un congé de deux mois à solde entière.

Voici, tel que nous avons pu nous le procurer, le programme sommaire de ces conférences.

Première section. — Notions élémentaires de géométrie. Géométrie plane.

Deuxième section (deux parties). — Notions de topographie. Lecture des cartes. Levés de plans. Instruments de topographie. Boussole. Mesure des distances. Mesure des angles. Procédés divers. Réductions à l'horizon. Pratique du levé des plans. Nivellement. Itinéraires.

Troisième section. — Fortification de campagne. Nomenclature. Détail d'un parapet. Profils. Ouvrages divers. Défenses accessoires. Lignes à intervalles. Défilement.

Fortification improvisée. Son objet. Tracés et profils.

Mise en état de défense d'une habitation isolée, d'une ferme. Usage de la dynamite. Ponts improvisés.

Quatrième section. — Service en campagne. Service des avant-postes. Marches. Reconnaissances. Cantonnements. Bivacs et campements. Petites opérations.

Cinquième section. — Idées et connaissances générales sur l'art et l'histoire militaires, sur la géographie, principalement sur l'histoire et la géographie de l'Espagne.

Les conférences de district n'existaient, autrefois, qu'à Pampelune, à Victoria et à Burgos : depuis 1878, il en a été créé dans toutes les villes dont les noms suivent :

NOMS DES DISTRICTS.	GENRE DE LA CONFÉRENCE.	SIÈGE DE LA CONFÉRENCE.
Nouvelle-Castille.	Une de cavalerie. Une d'infanterie.	Madrid.
Catalogne.	Une de cavalerie. Une d'infanterie.	Barcelone.
Valence.	Une de cavalerie. Une d'infanterie.	Valence.
Aragon.	Une de caval. et d'infanterie.	Saragosse.
Andalousie. . . .	—	Séville.
Grenade.	—	Grenade.
Vieille-Castille. .	—	Valladolid.
Galice.	—	La Corogne.
Extremadoure. .	—	Badajoz.
Baléares.	—	Palma.
Canaries.	—	Santa-Cruz de Ténériffe.
Ceuta.	—	Ceuta.

La presse militaire n'est pas chose neuve en Espagne où le Mémorial du génie (*Memorial de ingenieros*) compte trente-six ans d'existence. Cette excellente publication peut lutter comme recueil spécial avec les plus sérieux travaux de la France, de l'Allemagne, de toutes les puissances de l'Europe où les travaux scientifiques militaires sont les plus appréciés. Il est uniquement rédigé par des officiers du corps et paraît tous les quinze jours en deux parties, l'une in-4°, l'autre in-8°.

Le *Memorial de artilleria* compte comme le Mémorial du génie un nombre respectable d'années d'existence. C'est un excellent recueil auquel on peut cependant reprocher d'emprunter un peu trop à l'étranger.

La *Revista cientifico militar* de Barcelone ne compte encore que six années d'existence, mais par l'influence prépondérante qu'elle a su conquérir en si peu de temps dans l'armée espagnole, on est obligé de reconnaître qu'elle tient aujourd'hui, à côté de ses aînées, un rang des plus honorables.

S'adressant non pas à telle ou telle arme, mais à l'armée tout entière, elle embrasse une universalité de matières, elle offre une variété de sujets qui a créé jusqu'ici son succès. Généraux et sous-lieutenants, officiers du génie, d'infanterie, d'artillerie, de cavalerie, combattent là côte à côte dans cette arène pacifique où la lutte n'est jamais stérile.

Il n'est pas possible de parler en pareils termes de la nouvelle revue imprimée au dépôt de la guerre sous le titre de *Revista militar española*. Très peu ou point de travaux originaux, des articles de journaux plutôt que des travaux de revue, peu d'études didactiques, tel a été jusqu'ici le sommaire de cette publication qui n'est pas encore sortie des langes. Disons sur le champ que la *Revista militar española* n'a qu'une année d'existence, que, par conséquent, elle cherche encore sa voie, qu'enfin de récents remaniements dans sa rédaction permettent d'espérer pour l'avenir un résultat meilleur que celui jusqu'ici obtenu.

Nous citerons encore dans la presse militaire espagnole la *Gaceta de Sanidad* (Gazette de santé) publication spéciale estimée, dont notre incompétence nous empêche de parler longuement, le *Correo militar* et la *Correspondencia*, journaux intéressants et bien rédigés, auxquels on pourrait peut-être reprocher de délaisser parfois un peu trop les questions spéciales pour la politique, enfin l'*Ilustracion militar*, publication nouvelle, illustrée, qui, remarquablement rédigée comme texte, laisse un peu à désirer au point de vue artistique.

En résumé, comme nous l'avons dit plus haut, il est incontestable que l'armée espagnole ne marche, depuis la fin de la guerre civile, dans une voie de progrès bien marquée.

En particulier, au point de vue de l'éducation militaire des officiers, les améliorations sont chaque jour plus sensibles. A la presse militaire revient assurément, en grande partie, l'honneur de ces progrès : c'est elle qui, secouant l'apathie, montrant les voies, disant ce que faisait l'étranger, stimulant l'émulation générale a donné l'impulsion dont nous voyons aujourd'hui les effets. Les grandes lois de réorganisation votées par les cortès ont établi une base solide où l'Espagne militaire va pouvoir élever un édifice durable : cet édifice, encore qu'inachevé aujourd'hui, montre, dès maintenant, par les fondements déjà jetés, ce qu'il sera dans quelques années. En somme, l'armée espagnole, moins brillante peut-être que d'autres plus en vue, a du fond, et les qualités précieuses qui font les troupes de valeur. Elle possède le vrai soldat, l'homme sobre, robuste, apte aux longues marches, capable de supporter d'écrasantes fatigues, brave, enthousiaste, plein de l'amour de son pays et de sa propre supériorité.

Avec ces qualités, une nation ne meurt pas.

Je sais qu'il existe en France, en Europe même, un nombre respectable de gens, de militaires, persuadés que, depuis Rocroi, il n'existe plus d'armée espagnole Le grand Condé et, après lui, Bossuet, l'auraient définitivement enterrée.

Ce sont là des erreurs auxquelles nous sommes trop acilement enclins.

L'Espagne n'a certainement pas retrouvé les beaux ours d'Isabelle-la-Catholique ou de Charles Quint, mais elle fait preuve, à l'heure actuelle, d'initiative et de vie. Rappelons-nous le jugement porté par Napoléon sur cette race et tâchons, au moment du danger, de la compter parmi nos alliés plutôt que parmi nos ennemis.

TABLE DES MATIÈRES

Nancy, imp. Berger-Levrault et Cie

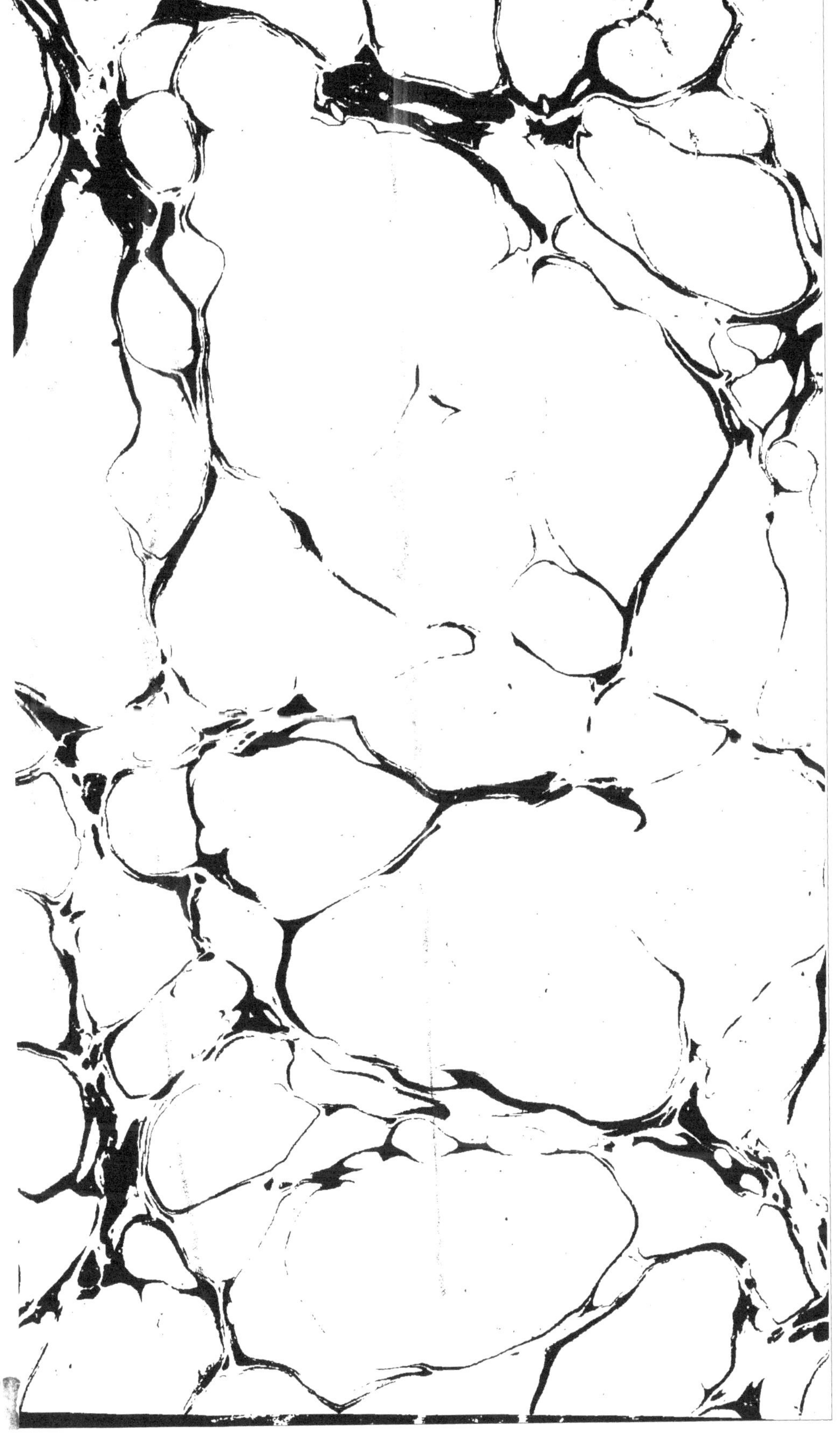

www.ingramcontent.com/pod-product-compliance
Ingram Content Group UK Ltd.
Pitfield, Milton Keynes, MK11 3LW, UK
UKHW020455200726
13857UKWH00002B/721